# 上海合作组织贸易投资便利化问题研究

徐雅雯　著

山东大学出版社

**图书在版编目(CIP)数据**

上海合作组织贸易投资便利化问题研究/徐雅雯著.
—济南:山东大学出版社,2015.12
ISBN 978-7-5607-5416-1

Ⅰ.①上… Ⅱ.①徐… Ⅲ.①上海合作组织—国际贸易—国际投资—研究 Ⅳ.①F752.3

中国版本图书馆 CIP 数据核字(2015)第 299594 号

责任编辑:姜 明
封面设计:牛 钧

出版发行:山东大学出版社
社 址 山东省济南市山大南路 20 号
邮 编 250100
电 话 市场部(0531)88364466
经 销:山东省新华书店
印 刷:济南华林彩印有限公司
规 格:720 毫米×1000 毫米 1/16
13.25 印张 170 千字
版 次:2015 年 12 月第 1 版
印 次:2015 年 12 月第 1 次印刷
定 价:26.00 元

# 前　言

上海合作组织经过10年的发展，贸易投资便利化程度较成立之初有了很大的提升，有效地推进了上合组织区域一体化进程。这10年来，成员国之间推进了海关、质检、金融、交通运输、投资促进等方面的贸易投资便利化进程，也加强了在农业、能源、交通运输、科技等领域的务实合作。同时，成员国之间的贸易联系不断扩大，投资合作领域不断拓宽，区域经济合作不断深化。

系统研究上海合作组织贸易与投资便利化问题具有重要的理论和实践意义。首先，研究这个问题具有较大的现实意义。一方面，通过系统研究上海合作组织10年来贸易与投资便利化进程取得的成就，梳理存在的问题，理清未来的工作重点，有助于下一阶段提升区域贸易投资便利化水平，更好地激活区域经济活力，从而实现区域经济合作目标；另一方面，通过研究中国推进上海合作组织贸易投资便利化的相关问题，有助于中国更好地参与上海合作组织区域经济合作，促进中国经济可持续发展。其次，研究这个问题具有重要的理论意义。研究上海合作组织推进区域贸易投资便利化的合作机制也是对区域经济合作理论的新探索。上海合作组织区域内，既有中俄这样经济实力雄厚的大国,也有综合实力弱下的中亚小国,这些国家不仅经济实力差距悬殊,各国国家内部发展也不平衡,而且又都是新兴与发展中的经济体。在这样一个结构复杂的区域内推进贸易投资便利化和实现区域经济合作目标,不能照搬欧盟、北美的模式,需要各成员国探索地区合作的新模式。本选题尝试研究在区域内构建区域贸易投资便利化合作机制,发挥大国与小国互动协作,提高区域贸易投资便利化水平,以促进上海合作组织区域的共同发展。上海合作组织区域内所取得的经济发展成就,得益于本区域内不断推进的贸易与投资便利化成效,以及为推进贸易投资便利化所进行的务实合作。因此,上合组织贸易投资便利化水平,将在很大程度上决定区域经济合作的广度和深度,也直接关系到上合组织成员国 2015 年能否启动建立自由贸易区谈判以及 2020 年建成自由贸易区。但是,上海合作组织区域的贸易投资便利化水平与区域经济发展的客观需要依然具有较大差距。因此,加大推动贸易投资便利化力度,改善区域贸易投资环境,仍是今后上海合作组织贸易投资便利化发展的重点。这就需要上海合作组织各国通过削减非关税壁垒、绿色贸易壁垒、进口许可证、进口配额制等来提升贸易便利化水平,通过继续加强高效便捷的现代化国际运输通道体系建设,简化海外人员进出国境手续,提高本国政府工作效率,积极鼓励外资进入并保障外资的合法权益来创造一个政局稳定的投资环境。中方要加大投入,发挥主导作用,不断推动合作领域的扩大。只有通过不断加深的经济合作才能推进贸易投资便利化进程,进而实现上海合作组织的自由贸易区目标。尤其是在全球经济危机影响仍未消除的情况下,只有加强成员国间的合作,才能切实解决各国自身存在的问题。除了要加强能源方面的对话和合作外,还要加强在高科技通信领域内创新型的合作项目,发展交通基础设施,发展国际型的物流中心,构建区域金融合作体系,为多边合作提供金融支持。未来,上海合作组织便利化建设,需要进一步加强制度化建设,促进全融合作可持续发展，大力推进贸易与投资便利化进程。

本研究采取总论与分论相结合的研究思路，揭示了上海合作组织贸易投资便利化的发展进程及未来前景。区域经济合作理论、国际交易成本理论、国际贸易理论是贸易投资便利化的理论基础；只有清楚把握上海合作组织区域经济合作总体状况和上海合作组织贸易投资便利化的法律框架与机制化建设，才能更好地推动两个便利化的深入发展。本书着眼于贸易投资便利化的建设与发展，分别研究上海合作组织贸易便利化基础、障碍和发展前景，研究投资便利化成绩、问题及各国为促进投资便利化所开展的务实合作。最后，既提出上海合作组织便利化水平提升的总体规划，也提出我国促进上海合作组织贸易投资便利化应采取的策略及措施。本书通过系统研究上海合作组织 10 年来贸易与投资便利化进程取得的成就及存在的问题，指出未来上海合作组织推进贸易投资便利化的发展方向，并提出如何有效地发挥中国在上海合作组织便利化建设中的策略，从而更快地推进上海合作组织贸易投资便利化以加快区域经济一体化进程。

全书共分九章：第 1 章和第 2 章首先提出问题，认为贸易投资便利化是上海合作组织开展经济合作的首要任务，指出了该课题的理论意义和现实的应用意义。同时，介绍了与本研究相关的理论、概念界定以及国内外有关研究综述等。第 3 章主要介绍上海合作组织区域经济合作发展现状。通过分析上海合作组织区域经济合作成果和问题，得出结论认为，当前推进贸易投资便利化依然是上海合作组织区域经济合作的首要任务，只有通过便利化建设，才能扩大贸易和提高区域生产能力，解决区域经济合作中存在的问题，从而进一步推进区域的贸易投资便利化水平，加快区域经济一体化进程。第 4 章重点阐述上海合作组织贸易投资便利化的法律基础与机制化建设。上海合作组织贸易投资便利化建设的过程，也是区域组织法律制度建设的过程。为此，深入研究上海合作组织推进贸易投资便利化的法律基础与机制化建设，为本研究搭建总的制度框架和机制平台。第5章着重于上海合作组织贸易便利化进程分析。利用定量方法，系统研究区域贸易便利化已取得的成就和存在的制约因素，评价区域贸易便利化的绩效，并探讨建立自由贸易区的挑战与前景。第6章则侧重上海合作组织投资便利化发展状况分析。定量分析区域投资便利化的水平，分析了各国为提升企业投资环境所实行的政策改革以及各国为此所开展的多边或双边性的务实合作。第7章主要论述了上海合作组织自由贸易区建设。自由贸易区是融贸易与投资为一体的经贸合作平台。上海合作组织自由贸易区建设是加速区域内贸易便利化和投资便利化的重要平台。为此，本章重点分析上合组织国家自由贸易区建设的条件和发展路径。第8章论述了中国推进上海合作组织贸易投资便利化的措施。本部分详细勾勒出如何以中国为主导，采取恰当的措施，实现中国与上海合作组织区域经济合作的共同发展。第9章给出本研究的结论。本部分既是对全文的总结，也是对未来上海合作组织推进贸易投资便利化进程的规划。未来，上海合作组织便利化建设，应着力于完善制度化建设，加强金融合作可持续发展，并同时推进贸易与投资便利化。

本书的研究方法为：第一，历史演进的、动态的研究方法。本研究从历史演进的视角总结和归纳上海合作组织10年来贸易投资便利化发展历程，研究其中发展变化的规律，最后前瞻性地分析了上合组织国家贸易投资便利化建设的条件和发展路径。第二，定性、定量分析相结合的方法。对上海合作组织贸易与投资便利化问题进行阐述，定性研究是该书的主要研究方法。同时还充分运用大量的数据资料来描述和说明有关经济变量间的关系，明确阐释所研究现象的内在规律，尤其是本研究通过定量分析法测量上海合作组织区域贸易便利化水平和投资便利化水平。第三，制度分析的方法。上海合作组织国家贸易投资便利化的提升，必将涉及到这些国家多方面的制度变革。因此，本研究应用制度分析的相关理论分析上海合作组织贸易投资便利化的效应以及路径选择，得出便利化措施的效果与各项制度改革的实施次序有关。

本研究的创新之处在于：第一，在贸易投资便利化发展前景分析上具有前瞻性，不仅在政策取向上提出创新性思路，而且对未来上海合作组织推进贸易投资便利化做了有根据的规划。第二，不仅使用定性方法进行，而且还通过定量分析法测量上海合作组织区域贸易便利化水平和投资便利化水平，弥补了国内研究的不足。第三，系统总结了上海合作组织10年贸易投资便利化进程的经验与问题，提出了积极推动上海合作组织制度化建设的建议。当然，由于作者本人学识和研究条件的限制，对于上合组织贸易投资便利化的研究可能有不全面和欠缺之处，还请各位专家给予指正。

作 者

2015年10月

# 目　录

# 第 1 章

# 上海合作组织与贸易投资便利化问题概述

## 1.1 问题的提出与选题意义

第二次世界大战后，伴随着国际贸易的发展，由复杂的贸易规则和管理规定引发的交易成本的上升，引起一些欧洲主要贸易国呼吁简化国际贸易程序。1960 年联合国欧洲经济委员会开始发起这项工作，1969 年联合国贸发会议设立了“贸易便利化特别计划”，贸易便利化改革逐渐成为一项国际行动。2001 年世界贸易组织将贸易便利化议题正式纳入多哈回合谈判，使得贸易便利化才成为多边或双边经贸合作中的重要领域。经济合作与发展组织（OECD）于 2002 年的一份研究报告指出，贸易便利化有助于降低企业从事国际贸易的交易成本。其中进出口程序造成的直接贸易交易成本占货物价值的 2%～15%，同时进出口程序所造成的非直接交易成本，如等待时间过长等会使企业丧失商业机会、增加企业库存成本和造成企业交易货物贬值。所以，快捷完善的边境通关程序对降低企业交易费用意义重大。尤其是上个世纪末掀起的经济全球化浪潮，推动了贸易投资的一体化进程，使得贸易便利化问题已不局限于贸易领域。其实，任何推动贸易绩效的政策改革已不单纯是贸易领域的问题，更是涉及一系列投资领域的问题。

正是在上述背景下，上海合作组织在成立之初就提出通过推进贸易投资便利化进一步加强成员国间经济合作，尤其是在能源、交通、基础设施、农业等领域的合作，最终建立自由贸易区。2011年，上海合作组织走过了10年的发展历程。这10年来，成员国之间推进了海关、质检、金融和交通运输等领域的贸易投资便利化进程，也加强了在农业、能源和交通运输等领域的务实合作。经过10年的发展，成员国之间的贸易联系不断扩大，投资合作领域不断拓宽，区域经济合作不断加深。特别是在全球金融危机影响仍未消除的背景下，成员国之间通过加强合作，实现了各自经济的稳定增长，使上海合作组织区域成为当今世界经济增长的一个亮点。今天，上海合作组织区域内所取得的经济发展成就，得益于本区域内不断推进的贸易与投资便利化成效和为推进贸易投资便利化所进行的务实合作。因此，上合组织贸易投资便利化水平，将在很大程度上决定着区域经济合作的广度和深度，也直接关系到上合组织成员国2015年能否启动建立自由贸易区谈判以及2020年建成自由贸易区。2012年9月商务部副部长李金早在论坛上表示，促进贸易投资便利化需要上合组织各成员国在现有的工作机制框架内，进一步加强在海关、质检、电子商务、投资促进和过境运输等方面的相互协调，提升贸易投资便利化水平，推动各方企业开展高效的经贸合作，有助于进一步激发区域经济活力。因此，本研究选择上海合作组织贸易投资便利化作为论题，并系统地研究了上海合作组织推进贸易与投资便利化的相关问题。

在全球金融危机影响仍未消除的形势下，系统研究上海合作组织贸易与投资便利化问题具有重要的理论和实践意义。

首先，研究这个问题具有较大的现实意义。一方面，通过系统研究上海合作组织10年来贸易与投资便利化进程所取得的成就，梳理存在的问题，厘清未来的工作重点，有助于下一阶段提升区域贸易投资便利化水平,更好地激活区域经济活力,从而实现区域经济合作目标;另一方面,通过研究中国推进上海合作组织贸易投资便利化的相关问题,有助于中国更好地参与上海合作组织区域经济合作,促进我国经济可持续发展。

其次,研究这个问题具有重要的理论意义。研究上海合作组织推进区域贸易投资便利化的合作机制也是对区域经济合作理论的新探索。上海合作组织区域内,既有中俄这样经济实力雄厚的大国,也有综合实力弱下的中亚小国,这些国家不仅经济实力差距悬殊,各国国家内部发展也不平衡,而且又都是新兴与发展中的经济体。在这样一个结构复杂的区域内推进贸易投资化和实现区域经济合作目标,在不能照搬欧盟、北美模式的情形下,需要各成员国创造性地构建地区合作的新模式。本研究选题试图尝试在复杂区域内构建区域贸易投资便利化合作机制,发挥大国与小国互动协作,提高区域贸易投资便利化水平,以促进上海合作组织区域的共同发展。

## 1.2 国内外研究现状

### 1.2.1 国外研究现状

第二次世界大战后,伴随着世界贸易的发展,围绕着降低国际贸易的难度,简化、协调各国进出口程序和海关程序等问题就早已受到人们的关注,但直到进入新世纪才被纳入多边贸易谈判的议题之中。与此同时,随着国际资本流动得以迅速发展和跨国公司重要性的提高,投资便利化也成为关注的热点。尽管国际组织的相关研究大多关注贸易便利化的内涵和评估,但在贸易便利化的水平度量中其实也包含了简化并协调跨国投资活动中的各种程序,如金融市场环境、外资参与度、投资者保护等指标。贸易投资便利化是一个很大的篮子,里面装有极其丰富多样的内容。

目前，国外学者和国际组织关于贸易投资便利化的研究主要集中于贸易便利化，但贸易便利化的定义尚未统一。世界贸易组织（WTO）认为，贸易便利化就是对国际贸易中货物流动涉及的行为、惯例以及手续进行简化与协调。国际商会（ICC）则认为："贸易便利化关注如何改善货物过境时相关程序的效率。"OECD 对贸易便利化的表述是："国际货物从卖方流动到买方并向另一方支付所需要的程序及相关信息流动的简化和标准化。"亚太经合组织（APEC）对贸易便利化定义是："使用新技术和其他措施，简化和协调与贸易有关的程序和行政障碍，降低成本，推动货物和服务更好地流通。"[①]威尔逊、曼和奥萨基（Wilson，Mann and Otsuki）认为，贸易便利化就是港口效率、海关环境、规制环境以及电子商务等领域便利化水平的提高。世界经济论坛各年的《全球便利贸易报告》从市场准入、关境管理、交通及信息通信基础设施、商业环境等四个方面对各国便利化水平进行了排名，其次级指标中也包含各国投资便利化情况。历年的世界经济论坛《全球竞争力报告》也是研究世界主要国家贸易投资便利化水平的重要成果。

在具体量化方面，国外研究机构和学者进行了大量的研究。世界银行研究人员威尔逊等人设计了港口效率、海关环境、规制环境以及电子商务等指数方法进行量化分析；APEC 设计了更为丰富的贸易便利化指数内容，但在量化方面未能将指数构想变为现实，目前在具体量化方面仍然沿用威尔逊等人设计的方法。德扬科夫（Djankov）和 OECD 使用货物过境的时间和成本来考察各国贸易便利化发展水平。借鉴威尔逊等人的研究方法，韩国学者 Kim 和 Park 等利用引力模型和部分均衡模型研究发现，交易成本不是影响东北亚地区邻国间双边贸易的重要因素，但海关程序、技术标准、商务流动性、信息与通信基础设施四种贸易便利化因素的改善对东北亚地区的双边贸易有显著

① 以上各定义转引自沈铭辉：《金砖国家合作机制探索》，《太平洋学报》2011 年第 10 期。

积极的影响，同时还认为四种贸易便利因素若能同时改善，则贸易创造效应将可超过关税减让的效果。[①] 俄罗斯和中亚国家有相当的研究成果。但大量的是研究上海合作组织以及区域经济合作的论文、专著和研究报告，关于贸易投资便利化问题研究散见于上述著作、论文中。

### 1.2.2 国内研究现状

国内学者对于上海合作组织贸易投资便利化问题的研究主要呈现两个特点：

一是重点以中国为视角研究贸易便利化。陆燕认为，贸易便利化是一个涉及广泛的概念，基本精神是简化和协调贸易程序，加速要素跨境流动。围绕中国海关监管制度方面，相关的学者进行了研究。[②] 余波对贸易便利化背景下中国海关的通关管理问题进行研究[③]；向君根据贸易便利化要求指出中国通关监管作业流程存在问题，并提出了通关管理的相关政策建议[④]；张鲁彬重点研究了贸易便利化和海关现代化的互动关系[⑤]。一些学者还围绕中国贸易便利化发展水平、改革成本与利益测评展开研究。柴瑜认为，便利化是与自由化相关的更为务实的内容，便利化涉及经济技术合作，涉及硬件与软件两个方面，对于推动基础设施建设、制度健全和技术升级都有益处，相对于自由化而言，便利化的调整成本较低，对国内的结构改革有益，如果国内对贸易开放具有相当强的政治支持，则贸易便利化是比较容易做到的事

---

① S. Kim. , I. Park, et al, "Measuring the Impact of APEC Trade Facilitation: A Gravity Analysis From APEC 2004: Trade Facilitation And Trade Liberalization, From Shanghai To Bogor," APEC 2004, Singapore.

② 参见陆燕:《世界贸易增长减速下中国外贸发展的挑战》,http://www.caitec.org.cn/c/cn/news/2012-10/08/news_3528.html。

③ 参见余波:《现代国际物流发展对海关监管的挑战与应对》,《求索》2007 年第 2 期。

④ 参见向君:《我国通关监管现代化与贸易便利化》,《兰州商学院学报》2007 年第 1 期。

⑤ 参见张鲁彬:《贸易便利化与海关现代化互动关系研究》,《国际经济合作》2007 年第 12 期。

情。相对自由贸易区或一体化安排，贸易便利化是调整成本较小的措施之一。[①] 王海燕等学者总结了投资便利化的含义，认为必须简化并协调上海合作组织各成员国投资者在跨国投资活动中的各种程序，从而创造一种透明和预见性强的投资环境。[②] 这就要求各成员国实施投资促进措施，减少投资者权利限制，提高为投资服务的行政效率，加强投资信息服务和技术支持，创新投融资制度和强化各国投资政策协调等。

二是对上海合作组织贸易投资便利化的研究不够系统，已有研究主要散见于一些上海合作组织专著或文章中的个别性论述。这些研究只是局部涉及上海合作组织国家贸易投资便利化的研究，大量的是关于上合组织区域经济合作的总体性研究，部分研究是针对农业、能源和交通等领域的务实性合作，尤其是针对能源领域研究较为突出。韩立华和陈小沁认为，上合组织中既有能源资源大国，也有能源消费大国，对开展区域能源一体化合作有着强大的内在需求。[③] 王海运认为，能源合作既是经济合作不可缺少的一个方面，也是经济合作中的重要一环，又是上合组织各成员国经济合作的重要接轨点，也是增强该组织活力和凝聚力的重要途径。[④] 张玉国认为，上海合作组织的能源合作，同环保、文化、科技、交通及金融信贷等其他方面的合作一样，不仅有利于各成员国经济发展，也有利于地区和平、安全与稳定。[⑤] 潘

---

① 参见柴瑜：《金砖国家贸易便利化问题研究》，中国社会科学出版社2010年版，第120页。

② 参见王海燕等：《贸易投资便利化——中国与哈萨克斯坦》，华东师范大学出版社2012年版，第23页。

③ 参见韩立华：《上海合作组织框架下多边能源合作的条件与前景》，《国际石油经济》2006年第6期；陈小沁：《上海合作组织能源一体化前景探析》，《国际经济合作》2008年第10期。

④ 参见王海运：《关于上海合作组织能源合作的思考》，《西安交通大学学报》2010年第1期。

⑤ 参见张玉国：《上海合作组织能源俱乐部建设问题与前景》，《俄罗斯研究》2007年第3期。

光和李葆珍认为，为保证能源来源的多元化，确保能源的安全，中国应加强能源多边合作，在利用国内资源的同时大力开发国外的油气资源，并努力实现进口油气多通道，这是中国调整能源政策和能源开发战略的重要内容。[①] 还有学者从博弈论视角看待中国与上海合作组织成员国之间能源合作关系，认为它是一个动态博弈的过程，也是一种重复博弈。耿晔强、马志敏认为，在此情况下的博弈问题就归结为道德风险和逆向选择下的信息不对称的克服问题。[②]

其中，针对上海合作组织国家贸易投资便利化的专门研究主要有如下代表性成果。李纲和刘华芹等[③]的研究成果得到了上海合作组织大部分成员国的认可，并在部分官方合作文件中得到反映。他们通过调查问卷得出的结论是，上海合作组织区域经济合作在第一阶段应大力推进贸易投资便利化以尽快取得实质效果。为了说明贸易壁垒对于区域内贸易的影响，他们通过上海合作组织贸易便利化 Gravity 模型进行分析，得出的结论认为，目前上海合作组织成员国在海关程序、标准一致化、商务流动和监管环境方面存在各种壁垒，严重阻碍了区域内各成员国间贸易规模的扩大，消除上述各种贸易壁垒是扩大区域内贸易规模的重要前提。模型分析的结果显示，电子商务发达程度对区域内贸易规模的影响不够显著，要使电子商务达到促进区域贸易发展的目的，需要各成员国投入较大的财力并提供相应的技术支持。同时，他们还利用 Gravity 模型对未来该区域内贸易的发展趋势进行了相关预测，模拟结果显示，改善海关程序、标准一致化、商务流动这三个指标可以促进区域内贸易的增长，其中尤其是以海关程序、标准一

---

① 参见潘光：《上海合作组织与中国的海外能源发展战略》，《世界经济研究》2005 年第 7 期；李葆珍：《上海合作组织的能源合作与中国的能源安全》，《郑州大学学报》2010 年第 7 期。

② 参见耿晔强、马志敏：《基于博弈视角下的中国与上海合作组织成员国能源合作分析》，《世界经济研究》2011 年第 1 期。

③ 参见李钢等：《上海合作组织——加速推进的区域经济合作》，中国海关出版社 2004 年版，第 8 页。

致化的贸易带动效应更为显著。王海燕等学者详细研究了中国与哈萨克斯坦贸易投资便利化问题，重点研究了海关、进出境检验检疫、金融、交通运输、边境贸易等各相关功能领域在促进中哈贸易投资便利化方面的制度建设、功能合作、主要障碍和对策建议。研究结果显示，中哈贸易投资合作有了长足发展，但在便利化方面还有许多问题和制约因素。[①] 此外，还有专家对新疆和中亚国家贸易便利化水平进行了研究，认为新疆物流业整体水平较低，各口岸建设及贸易发展中快速通关方面存在许多障碍。

另外，中国政府和学术界还成立了一些专门的研究机构对上海合作组织进行跟踪研究，如国务院发展研究中心、商务部、中国社科院东欧中亚研究所、上海复旦大学、上海社科院、兰州大学中亚研究所等。此外，中国政府还专门组建了上海合作组织经济合作网站，为社会各界更好地了解与研究上海合作组织搭建了平台。上海合作组织在其他成员国也得到不同程度的重视。俄罗斯成立了莫斯科国际关系学院东亚和上海合作组织研究中心、俄罗斯科学院远东研究所东北亚战略问题和上海合作组织研究中心等专门的研究机构。在中亚国家，尽管尚未出现类似的专门研究机构，但在各国学术界都有学者在该领域进行研究。

上述研究和相关机构为本书的研究提供了重要的基础。笔者认为，贸易投资便利化主要研究贸易投资促进的相关活动、通关便利化、商品检验检疫、电子商务、法律法规建设等方面的内容。为此，本书将通过系统研究上海合作组织 10 年来贸易与投资便利化进程取得的成就及存在的问题，展望未来的工作重点，为我国更好地推进上海合作组织贸易投资便利化提供理论和决策参考。

---

① 参见王海燕等:《贸易投资便利化——中国与哈萨克斯坦》，华东师范大学出版社 2012 年版，第 58 页。

## 1.3 本研究的思路与框架

### 1.3.1 研究思路

本书采取总论与分论相结合的研究思路，揭示上海合作组织贸易投资便利化的发展进程及未来前景。本研究认为，区域经济合作理论、交易成本理论、国际贸易理论是贸易投资便利化的理论基础，只有清楚把握上海合作组织区域经济合作总体状况和上海合作组织贸易投资便利化的法律框架与机制化建设，才能更好地推动两个便利化的深入发展。本研究着眼于贸易投资便利化的建设与发展，分别研究了上海合作组织贸易便利化基础、障碍和发展前景，研究投资便利化成绩、问题及各国为促进投资便利化所开展的务实合作。最后，既提出上海合作组织便利化水平提升的总体规划，也提出我国促进上海合作组织贸易投资便利化应采取的策略及措施。

### 1.3.2 研究内容

本书通过系统研究上海合作组织10年来贸易与投资便利化进程取得的成就及存在的问题，指出未来上海合作组织推进贸易投资便利化的发展方向，并提出如何有效地发挥中国在上海合作组织便利化建设中的策略，从而更快地推进上海合作组织贸易投资便利化以加快区域经济一体化进程。本研究共分为九章：

第1章，上海合作组织与贸易投资便利化问题概述。开篇提出问题，并指出贸易投资便利化是上海合作组织开展经济合作的首要任务，因此本研究具有重要的理论意义和实践意义。

第2章，相关理论综述。介绍与本研究相关的理论、概念以及国内外有关研究综述等。

第3章，上海合作组织区域经济合作发展现状。通过分析上海合作组织区域经济合作成果和问题,得出结论认为,当前推进贸易投资便利化依然是上海合作组织区域经济合作的首要任务,只有通过便利化建设才能扩大贸易和提高区域生产能力,解决区域经济合作中存在的问题,从而进一步推进区域的贸易投资便利化水平,加快区域经济一体化进程。

第 4 章,上海合作组织贸易投资便利化的法律基础与机制化建设。上海合作组织贸易投资便利化建设的过程也是区域组织法律制度建设的过程。为此,本章将深入研究上海合作组织推进贸易投资便利化的法律基础与机制化建设,为本研究搭建总的制度框架和机制平台。

第 5 章,上海合作组织贸易便利化进程分析。利用定量方法,系统研究区域贸易便利化已取得的成就和存在制约因素,评价区域贸易便利化的绩效,并探讨建立自由贸易区的挑战与前景。

第 6 章,上海合作组织投资便利化发展状况分析。定量分析区域投资便利化的水平,分析各国为提升企业投资环境所实行的政策改革以及各国为此所开展的多边或双边性的务实合作。

第 7 章,上海合作组织自由贸易区建设。自由贸易区是融贸易与投资为一体的经贸合作平台。上海合作组织自由贸易区建设是加速区域内贸易便利化和投资便利化的重要平台。为此,本章重点分析上合组织国家自由贸易区建设的条件和发展路径。

第 8 章,中国推进上海合作组织贸易投资便利化的措施。本部分详细勾勒出如何以中国为主导,采取恰当的措施,实现中国与上海合作组织区域经济合作的共同发展。

第 9 章,结论。本部分既是对全文的总结,也是对未来上海合作组织推进贸易投资便利化进程的规划。要将推动上海合作组织制度化建设、加强金融合作与进一步探索可持续发展的合作路径、推进贸易投资便利化相结合。

## 1.4 研究方法

第一,历史演进的、动态的研究方法。本研究从历史演进的视角总结和归纳上海合作组近10年来贸易投资便利化发展历程,研究其中发展变化的规律,最后前瞻性地分析了上合组织国家贸易投资便利化建设的条件和发展路径。

第二,定性、定量分析相结合的方法。对上海合作组织贸易与投资便利化问题进行阐述,定性研究是论文的主要研究方法。同时还充分运用大量的数据资料来描述和说明有关经济变量间的关系,阐释了所研究现象的内在规律,尤其是通过定量分析法测量了上海合作组织区域贸易便利化水平和投资便利化水平。

第三,制度分析的方法。上海合作组织国家贸易投资便利化的提升,必将涉及到这些国家多方面的制度变革。因此,本研究应用制度分析的相关理论分析了上海合作组织贸易投资便利化的效应以及路径选择,得出便利化措施的效果与各项制度改革的实施次序有关的结论。

## 1.5 主要创新点及不足

本研究的创新之处在于:

第一,在贸易投资便利化发展前景分析上具有前瞻性,不仅在政策取向上提出创新性思路,而且对未来上海合作组织推进贸易投资便利化作了有根据的规划。

第二,不仅使用定性方法,而且还通过定量分析法测量上海合作组织区域贸易便利化水平和投资便利化水平,弥补了国内研究的不足。

第三,系统总结了上海合作组织10年来贸易投资便利化进程的经验与问题，提出了积极推动上海合作组织制度化建设的建议。

本研究的不足之处在于：

第一，由于个别国家，尤其是乌兹别克斯坦的数据可得性差，本研究在论述时难以涵盖该国数据，所以计算、分析及政策建议的给出均因此而受到一定的限制。

第二，由于作者本人学识和研究条件的限制，对于上合组织贸易投资便利化的研究可能有不全面和欠缺之处。

# 第2章

# 区域经济合作、交易成本与国际贸易的主要理论

20世纪50年代初期，国外经济学家开始关注区域经济合作并展开理论研究，这些研究伴随着欧洲一体化的发展进程而不断发展完善，所以区域经济合作理论是上海合作组织区域经济合作重要的理论基础之一。另外，交易成本理论和国际贸易相关理论也为贸易投资便利化奠定了理论基础。

## 2.1 区域经济合作理论

区域经济合作理论是与贸易投资便利化相关的重要的理论基础。区域经济合作表现为相近的两个或两个以上国家获取区域内国家的经济聚集效应和互补效应，为促使产品和生产要素在一定区域内自由流动和有效配置而建立的跨国性区域经济联盟。区域经济合作概念容纳力较强，可以涵盖国际经济合作和区域经济一体化的含义，不过

更多的学者支持区域经济一体化是区域经济合作的高级形式的说法。[①] 关于区域经济合作模式，主要有两大理论派别：一是巴拉萨(B. A. Balassa)为代表的市场-制度学派，即主张在宏观经济取得国家和超国家机构支持的条件下，在微观层次上把各个市场经济联合起来。它强调以市场理论为基础，实现各国经济向一体化迈进，但也重视国家调节论者关于"国家特别是超国家机构必须对一体化进行干预"的原理。该理论还进一步把制度化的经济合作归纳成为五个发展阶段，包括自由贸易区、关税同盟、共同市场、经济联盟和完全的经济一体化。当然，系统提出关税同盟理论的是美国经济学家维纳(J. Viner)和英国经济学家李普西(K. C. Lipsey)，而西托夫斯基(T. Scitovsky)和德纽(J. F. Deniau)是共同市场理论的代表人物。二是以丁伯根为代表的国家调节论者的一体化理论，认为"如果不对必要的要素实行有意识的协调和统一，要实现完全的一体化是不可能的"。国家调节论曾在发展中国家十分流行。此外，如诺思(D. C. North)、科斯(R. H. Coase)、弗农(R. Vernon)等人为代表的区域经济合作制度理论认为，制度确立合作和竞争关系，这些关系构成一个社会或者说一种经济秩序。下面我们重点介绍区域经济合作的几种重要模式及演化关系。

### 2.1.1 关税同盟理论

20 世纪 70 年代以前区域经济合作理论基本上是指关税同盟理论。关税同盟理论的渊源可以追溯到 19 世纪德国经济学家李斯特(F. List)的保护贸易理论，认为关税同盟实质上是集体保护贸易。战后，关税同盟理论又有了新的发展。1950 年，美国经济学家维纳在《关税同盟问题》一书中认为，关税同盟并不一定等于向自由贸易过渡，因为它在伙伴国之间实行自由贸易，而对伙伴国以外的第三国实行保护

① 参见秦放鸣：《中国与中亚国家区域经济合作研究》，科学出版社 2010 年第 3 期。

贸易。这样,自由贸易和保护贸易相结合的结构会产生两种效果,即贸易创造和贸易转移。而实行关税同盟的经济效果主要在于由贸易创造所取得的收益减去由贸易转移所造成的损失而取得的实际利益,这就使关税同盟理论从定性分析进一步发展到定量分析。维纳提出的“贸易创造”和“贸易转移”两个新的概念,开创了战后关税同盟理论研究的新阶段。除了贸易创造和贸易转移以外,建立关税同盟还可以带来其他静态福利效应,如由于减少海关人员和边境巡逻人员而引起行政费用的节约、由于减少对同盟外国家的进口需求和出口供给而带来的贸易条件的改善、由于集团力量的增强而具有在国际贸易谈判中更强大的讨价还价的能力等等。关税同盟理论是以完全竞争为假设条件的,存在着诸多明显缺陷,如侧重于静态效应的分析而忽略了对动态效应的分析,如对成员国就业、产出、国民收入、国际收支和物价水平等方面所造成的影响缺乏分析,侧重于对福利影响的分析而忽略了对经济增长影响的分析等。

### 2.1.2 自由贸易区理论

在维纳的关税同盟理论基础上,米德(J. E. Meade)提出了自由贸易区理论。自由贸易区效应同关税同盟一样在区内实现了产品市场一体化,但仍将实行对非成员国的关税和其他贸易限制。根据米德的研究,自由贸易区同关税同盟最大的不同是自由贸易区会产生“贸易偏转”效应,为了消除这种“贸易偏转”,自由贸易区要求区内实行“原产地原则”。米德的自由贸易区理论正是自由贸易区采用“原产地原则”的理论依据。没有原产地规则的自由贸易区,实际上就变成了一个关税同盟。建立自由贸易区能够使所在区域的对内、对外贸易壁垒与建立自由贸易区以前相比大幅度降低。

### 2.1.3 共同市场理论和协议性分工理论

由于关税同盟缺乏动态效应的分析,自20世纪80年代以来,小岛清(K. Kojima)、科登(W. M. Corden)、克劳斯(M. B. Krauss)、西托夫斯基、德纽和巴拉萨等人出于对关税同盟假设条件的质疑,将理论研究引向了动态分析的角度,对规模经济效应、竞争促进效应和投资刺激效应等进行了动态分析,从而对区域经济合作理论做了新的贡献。(1)共同市场理论。在关税同盟中,如果允许生产要素在各成员国之间自由流动,这样一体化形式就升级为共同市场。共同市场同时实现了产品市场和生产要素市场的一体化,在成员之间完全废除关税,对非成员实行统一的关税。共同市场理论不仅要分析贸易创造和贸易转移的效应,更要考虑规模经济效果以及贸易条件改善效果。这方面的代表成果就是西托夫斯基、德纽、伍顿和米德等人的共同市场理论。(2)协议性分工理论。该理论认为,为了使区域经济合作组织获得规模经济效益,并能和谐地扩大成员国之间的分工和贸易,单纯依靠传统的国际分工理论是不够的。因为传统的国际分工理论是以成本的国际绝对差异和规模报酬递减为基础,而没有考虑成本相同和规模报酬递增的情况。为了弥补这一缺陷,小岛清提出了协议性分工理论,即在规模报酬递增的部门,不同国家之间可以通过协议相互提供市场以共同分享规模经济效益。

### 2.1.4 自由贸易协定相关理论

20 世纪 90 年代以来,鉴于发达国家的关税已经非常低,非关税壁垒也大幅度减少,因此区域贸易协定倡导的“自由贸易”的意义也已大为降低。维纳范式的贸易创造和贸易转移的意义便随之下降,因而需要根据新环境提出新理论。因此,与自由贸易协定(FTA)相关理论不断涌现。这些理论主要从政治经济学视角对 FTA 的收益加以解释。

鲍德温(R. Baldwin)提出了“地区主义的多米诺理论”来解释 20 世纪末世界经济区域化的浪潮。他认为,互惠贸易区的扩张会产生一种“多米诺骨牌”效应。单一区域经济整合协议可能引发一连串先前非成员国加入结盟的要求,若此区域经济体是开放扩张的,区域经济整合则如野火般地蔓延，若此区域经济体是封闭的，被排除在外的国家也会进行优惠贸易安排。一个国家调整国际贸易政策参与自由贸易安排，主要受国内政治利益集团的政策诉求和贸易伙伴国同其他国家建立FTA形成的国外压力因素影响。鲍德温的多米诺骨牌效应论预示出东亚地区双边FTA合作进程会如滚雪球般发展的未来趋势。

经济学家巴格沃蒂(J. Bhagwati)认为，优惠贸易安排不断涌现的真正原因是经济学家所说的纳什均衡。在博弈中，尽管参与者可以通过合作获得更大利益，但他们却以非合作的方式各自追求个人利益。随着双边协定的增加，各国总会担心被排斥在市场之外，从而引发各国纷纷谋划与政治友好国家建立自己的双边协定。

20世纪90年代以来，区域经济合作出现了一种新的现象，即在大国与小国签订的贸易协定中，小国会对大国作出更大程度的让步。新区域主义理论应运而生，其以政治经济学为视角，更为强调经济改革效应、直接投资等因素对于FTA的意义。新区域主义理论很好地解释了双边和多边自由贸易协定的兴起之势，以及大国与小国加入区域贸易协定的成本与收益问题。大国参与自由贸易协定为的是通过扩大自身的贸易报复能力以及国际谈判交易能力在大国竞争中获得更多的话语权；小国参与区域经济合作的主要动力则来自于以获得市场准入机会为代表的经济收益。

## 2.2 交易成本理论

交易成本的思想最早源于科斯(R. H. Coase)的《企业的性质》[①]和《社会成本问题》[②]的研究，该思想的提出修正了新古典经济学零交易

① R. H. Coase, "The Nature of the Firm," *Economica*, 1937, Vol. 16, No. 4.

② R. H. Coase, "The Problem of Social Cost," *The Journal of Law and Economics*, 1960, Vol. 10, No. 3.

成本的假设，使经济理论向现实性的方向迈进了一大步。

### 2.2.1 关于交易成本的概念

关于交易成本，不同的经济学家给出过不同的定义。科斯认为，交易成本是获得准确的市场信息所需要付出的信息，以及谈判和经常性契约的费用。威廉姆森(O. E. Williamson)认为，交易成本分为包括事先的交易费用，即为签订契约、规定交易双方的权利、责任所花的费用；签订契约后，为解决契约本身所存在的问题、从改变条款到退出契约所花费的费用。[①] 阿罗(K. J. Arrow)认为，交易成本是经济制度的运行费用。[②] 总的来看，从广义上看，交易成本是一系列制度成本，包括信息成本、谈判成本、拟定和实施契约的成本、界定和控制产权的成本、监督管理的成本和制度结构变化的成本。

### 2.2.2 科斯的交易成本理论

科斯在《社会成本问题》一文中将权利安排即制度形式与资源配置直接对应了起来，这是一个巨大贡献。科斯认为，若交易成本为零，无论权利如何界定，都可以通过市场交易达到资源的最佳配置；在交易成本为正的情况下，不同的权利界定会带来不同效率的资源配置。科斯从节约成本的角度意识到企业的显著特征就是价格机制的替代物。

### 2.2.3 威廉姆森的交易成本理论

威廉姆森认为经济系统的运行是通过各种交易活动得以维系的，只有建立各种契约关系交易活动才能有效地进行，这就产生一系列成

---

① 参见[美]威廉姆森等:《企业的性质:起源、演变和发展》,姚海鑫、邢源源译,商务印书馆 2007 年版,第 28 页。

② K. J. Arrow, *General Competitive Analysis*, North-Holland, 1983, pp: 23-237.

本。威廉姆森还分析了产生成本的原因，即人的有限理性和人的机会主义倾向，并将影响有限理性和机会主义的因素细化为“资产专用性、不确定性和交易频率”等因素。

### 2.2.4 贸易交易成本

经济学家对交易成本的考察一般均基于一国范围之内，如果拓展到国际贸易领域，则交易成本范围进一步扩大为在跨境交易中，由于国家之间、地区以及全球的贸易制度安排而导致的运行费用，我们可以称之为国际贸易的交易成本或贸易的交易成本。贸易的交易成本是进出口环节所发生的相关费用，因此贸易交易成本是总交易成本的一个有机组成部分，主要包括关税、附加税、海关手续费、检疫、检验费、配额许可证费、仓储费、人工费、代理报关费、交通运输费、港口物流费、滞期费、人员跨境费、通信费等。

## 2.3 国际贸易相关理论

贸易投资便利化的理论源于国际贸易理论，有关国际贸易的理论大体可分为马克思主义的国际贸易理论和西方自由贸易理论。

### 2.3.1 马克思主义的国际贸易理论

马克思(K. H. Marx)关于国际贸易的研究是从国际分工开始的。马克思吸收了斯密(A. Smith)的国际分工思想，同样认为国际分工是国际贸易的基础。马克思在前人研究的基础上，提出了商品生产和交换的价值规律，其观点对于我们分析当今国际贸易关系依然具有重要的指导意义。第一，马克思认为，国际分工和国际贸易同样遵循价值规律，只不过其作用形式有所不同。在国内交换中起支配作用的是国内价值规律，而在国际交换中起支配作用的是国际价值规律。国际价值的提出具有重要的理论意义，它回答了英国古典政治经济学所不能回答的问题，解决了国际交换中的商品价值决定难题。第二，从劳动生产率较低的国家来看，由于其国别价值即个别价值与国际价值的差幅较小，也有可能等于或高于国际价值，在与发达国家进行贸易时，确实处于不利地位，但这并不意味着从贸易中不能获得利益。对此马克思指出，经济不发达国家在与发达国家进行贸易时，“这种国家所付出的实物形式的物化劳动多于它所得到的，但是它由此得到的商品比它自己所能生产的更便宜”①。第三，决定国家间商品交换的国际价值，不仅由国际必要劳动时间决定，还受科技进步等因素的影响。马克思在19世纪就有精辟的预见：“随着大工业的发展，现实财富的创造较少地取决于劳动时间和已耗费的劳动量，较多地取决于在劳动时间所运用的动因的力量，而这种动因自身——它们的巨大效率——又和生产它们所花费的直接劳动时间不成比例，相反地却取决于一般的科学水平和技术进步，或者说取决于科学在生产上的应用。”②第四，马克思还对国际贸易政策进行了深入研究并指出，只有实行自由贸易，蒸汽、电力、机器的巨大生产力才能充分地发展。

### 2.3.2 西方自由贸易理论

西方国际贸易理论经历了古典国际贸易理论、新古典国际贸易理论和新贸易理论三个阶段。

(1)古典国际贸易理论

古典国际贸易理论包含斯密的绝对成本理论和李嘉图(D. Ricardo)的比较成本理论。绝对成本理论认为：在开放条件下，实现生产的专业化分工，国际贸易的方向是一国出口其劳动生产率较高的产品，进口其劳动生产率较低的产品；贸易利益应包括两个方面，一是进口商品比在封闭条件下更便宜，二是出口商品比在封闭条件下更

① 《马克思恩格斯全集》第25卷，人民出版社1974年版，第235页。

② 《马克思恩格斯全集》第25卷，人民出版社1974年版，第265页。

贵。斯密认为,只有在自由放任的贸易政策下,各国才能充分享受到国际分工所带来的利益。为此,该理论主张取消对外贸易中的一切特权和限制,实行自由贸易,这样各国才能合理地使用劳动力和资本,从事最有利的生产。斯密的绝对成本理论对当代各国扩大对外开放、积极参与国际贸易分工有重要的指导意义。

相对成本理论奠定了比较优势的基本思想。李嘉图是最早发现经济学中这一最深刻和最卓越思想的经济学家,在其代表性著作《政治经济学原理》中,李嘉图论证和阐明了比较优势原理,认为比较优势是国际贸易的基础,即比较优势不仅决定贸易方向,也构成了“巨大贸易利益”的来源。李嘉图的研究确立了其后贸易纯理论的发展方向,后来的学者就一直将国际贸易的研究重心放在比较优势原理上,不断探索决定比较优势的各种来源。李嘉图认为:在国际贸易中起决定作用的不是绝对成本,而是相对成本,应本着“两优相权取其重,两劣相权取其轻”的原则进行分工和贸易,即在国际商品生产分工中,各种商品生产都占优势的国家,应集中生产优势相对大的商品,放弃优势相对小的商品生产;而在各种商品生产都处于劣势的国家,应集中生产劣势相对较小的商品,放弃劣势相对较大的商品生产;然后通过国际贸易,使贸易双方获利。这一理论为世界各国特别是落后国家参与国际分工和贸易的必要性作了理论上的证明。该理论告诉我们,一个国家无论处在什么经济发展阶段,都可以找出自己的相对优势来参与国际分工,从而获利。比较利益理论是绝对利益理论的发展和完善。这一学说被当时大部分经济学家所接受,并为后来的经济学家所推崇,至今仍然作为国际贸易的基本规律而起作用,是西方国际贸易理论的基础。

(2)新古典国际贸易理论

新古典国际贸易理论主要包括要素禀赋理论以及其后马歇尔(A. Marshall)和萨缪尔森(P. A. Samuelson)等人的理论拓展,但其基本思想仍是李嘉图的比较成本理论,只是比李嘉图的比较成本理论更加深入和全面。

俄林(H. Ohlin)要素禀赋理论是对比较成本理论的一大发展。赫克歇尔(Hecksher)于1919年发表了《对外贸易对收入分配的影响》的著名论文,提出了要素禀赋论的基本论点。俄林在继承其师赫克歇尔的理论基础上,于1933年出版了《域际贸易和国际贸易》创立了要素禀赋理论。赫克歇尔和俄林用生产要素禀赋的差异来解释国际贸易产生的原因、国际贸易商品结构以及国际贸易对要素价格的影响,这就将由劳动生产率的差异引起的国际贸易进行了基础性拓展。这一理论对一国如何使用本国资源禀赋优势参与国际分工从而获得贸易利益具有指导性意义。俄林认为,要素价格的均等化只表现为一种趋势。在20世纪40年代末期,美国经济学家萨缪尔森用数学方法进一步研究了俄林的理论,他发现,在特定条件下,国际贸易将使不同国家间生产要素相对价格和绝对价格均等化,这种价格均等不仅仅是一种趋势,而且是一种必然,进而提出了要素价格均等化定理,又称赫—俄—萨(H-O-S)理论。在20世纪相当长的时期内,以新古典模型为表达形式的要素禀赋论在国际贸易理论中占据着绝对的统治地位。不过,许多学者在上述标准贸易理论模型的基础上,尝试对某些假设进行一些修正和拓宽,进一步丰富了比较优势理论。如琼斯(R. Jones)和萨缪尔森等人将微观经济学的生产与成本理论中的短期分析方法引入到国际贸易理论中,建立了特定要素模型。埃塞尔和迪尔多夫得出所谓的广义比较优势法则等。

(3)新国际贸易理论

新贸易理论是在突破古典贸易理论假设前提下对国际贸易理论的补充。该理论主要是以产业组织理论和市场结构理论来解释国际贸易新现象。①以克鲁格曼(P. R. Krugman)为代表的新贸易理论,其构建框架为规模经济、产品差异和不完全竞争三大分析要素。国际贸易发生的基础是在不完全竞争的市场结构下追求产品规模经济效应和产品差异上的消费效应。②产品生命周期理论。认为贸易利益的来源主要是生产上的动态比较优势，通过投资创新、模仿国的专业化学习、落后国吸收技术转移的承接能力等后天因素获得比较优势，而这些因素不是先天具有的，而是后天人为创造出来的。该理论的两大支撑是技术和资本，以技术创新为主要手段，同时把技术作为比较优势的内生变量，强调“干中学”的经济效应。通过技术创新和“干中学”，巩固产品在国际市场上的价格差异。当然，该理论仍然强调规模报酬递增和不完全竞争。③波特（M. Porter）的竞争优势理论。波特认为比较优势可以人为地、有意识地选择策略来配置稀缺资源，将比较优势转化为竞争优势。在波特的竞争理论中，重点强调了生产要素的层次和企业发展战略的重要性。该模型表明了竞争优势成为推动贸易结构优化的主要动力，也是贸易利益的重要来源。一个国家要想提高竞争优势，必须学会吸收贸易发展带来的先进技术，逐渐发展出具有规模经济优势和技术创新优势的产业，从根本上提高竞争力。

# 第3章

# 上海合作组织区域经济合作发展现状

## 3.1 区域经济合作的成就

2001年上海合作组织(简称为“上合组织”)成立以来,积极致力于区域安全稳定和推进各成员国区域经济合作。10年来,各国通过共同努力,上海合作组织制定了区域经济合作法律基础和发展目标,加强了合作机制建设,提高了区域内贸易投资便利化水平,在海关、质检、电子商务、投资促进、交通运输、通信及人力资源培训等领域,为区域创造公开、透明及可预见的贸易与投资环境。不仅在能源、农业、科技、交通运输、金融等领域加强了投资合作,而且贸易规模也不断扩大。

### 3.1.1 成员国间货物贸易规模扩大,互补性日趋增强

上海合作组织成立10年间贸易规模不断加大,2001～2008年间增长尤其突出,2009年受金融危机影响,各国进出口贸易额一度出现了大幅下滑,2010年随着国际贸易形势不断回暖,成员国对外贸易额也不断攀升,基本恢复到了危机前的水平。截至2010年底,上海合作

组织成员国外贸进出口总额达到37175.8亿美元，与2001年相比增长了近3倍。从区域内贸易来看，2001年中国与上海合作组织成员国的贸易额为121.5亿美元，到2010年，贸易额增加至839.7亿美元，与2001年相比增长了近5.9倍。从区域间贸易来看，2001年中国与东盟十国的贸易额为416.2亿美元，到2010年达到2927.7亿美元，与2001年相比增长了近6倍。由此可见，虽然中国与东盟十国已经签署了自由贸易协定，在制度安排和完善方面亦优于上海合作组织成员国，但中国与上合组织成员国的贸易增速与东盟的贸易增速基本持平，上合组织贸易发展成果可见一斑。从成员国自身情况来看，随着地缘优势给各国贸易增长带来新增长点，10年间上海合作组织各成员国间的贸易额不断增加。我们将2001年和2010年的数据点进行对比可见，各成员国(中国除外)的主要贸易伙伴排名中，上合组织成员的数量也在不断增加，且排名不断上升，如表3-1所示。

**表3-1　　2001年和2010年各国前五名的贸易伙伴**

| 项目/国别 | 2001年主要贸易伙伴国 | 2010年主要贸易伙伴国 |
|---|---|---|
| 中国 | 日、美、欧盟、中国香港、东盟 | 欧盟、美、日、东盟、中国香港 |
| 俄罗斯 | 德、白俄、乌克兰、意、美 | 中、荷、德、意、乌克兰 |
| 哈萨克斯坦 | 俄、意、德、瑞、美 | 俄、中、意、法、荷 |
| 吉尔吉斯斯坦 | 俄、意、乌兹别克、中、哈 | 俄、哈、中、瑞、美 |
| 塔吉克斯坦 | 乌兹别克、俄、荷、哈、土耳其 | 俄、中、哈等 |
| 乌兹别克斯坦 | 俄、韩、乌克兰、哈、美 | 俄、中、哈、韩、土耳其 |

注：按贸易额大小进行排列。

资料来源：各国海关统计。

近年来，随着国际市场能源价格不断攀升，俄罗斯和哈萨克斯坦的经济实力增强得益于丰富能源的不断供应以及以能源出口为主的对外贸易的日益扩大。哈、吉、塔、乌(兹别克斯坦)四国的经济结构相似，互补性相对较低，伴随着经济的发展，独特的地缘优势和政策倾斜促进了各成员国之间贸易的增长。首先，各成员国之间贸易商品的种类明显增加，互补性大为提高。其次，2001 年区域内贸易商品结构的主要特点是中国的劳动密集型商品与其他成员国的资源型商品之间的贸易占主体。10 年间，虽然俄、哈、吉、塔、乌五国仍旧以资源型商品为主要贸易产品，但随着成员国制造业的成熟与发展，化工产品、塑料及橡胶商品逐渐成为俄罗斯和哈斯克斯坦对华出口的大宗加工制成品。2010 年，俄罗斯能源类商品出口占总出口的比重为 66%，哈萨克斯坦矿产品（包括原油）出口占总出口的比重为 74.9%，吉尔吉斯斯坦矿产品（黄金）出口占总出口的比重为 45.2%，塔吉克斯坦棉花和铝锭出口占总出口的比重为 80%，乌兹别克斯坦皮棉、黑色和有色金属出口占总出口的比重为 42.9%。能源类商品仍旧是中国自上海合作组织成员国进口的主要商品，2010 年中国自上海合作组织成员国进口矿物燃料、矿物油占全国同类产品进口总额的 9.8%。同时，中国已经成为俄罗斯原油出口的第五大市场和哈萨克斯坦原油出口的第二大市场。

### 3.1.2 成员国间各领域的务实合作成效显著

各成员国不仅签署协议推进贸易投资便利化进程，同时在海关程序、商品检验检疫、电子商务、投资政策、交通运输、能源输送、电信、金融、人力资源和农业等领域实施便利化措施，加大在各领域的投资合作。

(1)海关领域的合作

为了实现上海合作组织区域内部各国通关便利化进程，2007 年六国海关机构签署了《上海合作组织成员国政府海关合作和互助协定》，在统一通关、办理行政和运输手续，海关单证互认方面加强了一致性协调力度，同时签署了《关于使用 IC 卡确认商品出入境的海关支付情况的议定书》《关于在能源流通监管方面交换信息的协议书草案》和《上海合作组织成员国海关培训和提高海关关员专业技能合作议定书》,为促进各成员国海关标准化奠定了基础。

(2)质检领域的合作

各成员国不断加强在技术规程、卫生和植物检疫措施、强制认证商品方面的信息交流,在相互提供本国标准的同时寻求统一标准的可能性。2009年六国总理会晤时,决定加强成员国间标准、计量、技术法规、合格评定和检测监管等领域的合作,协调解决区域贸易中的产品质量和安全问题,使商品流通便利化。

(3)电子商务领域的合作

六国签署了《关于合作运行和维护网站的协定》并开通了上海合作组织区域经济合作网,各方将通力合作进行网络的建设和维护。2010年,中方在总理会晤期间提出了建立上海合作组织电子商务平台的倡议,并开通了中国—乌兹别克斯坦商品交易平台,为搭建上海合作组织区域内电子商务平台开创了先河。

(4)投资促进领域的合作

各成员国相继修改了吸引外部投资的法律和法规,同时加强了各成员国间的投资政策的协调力度。

(5)交通运输领域的合作

为了实现区域内交通运输便利化,六国力争达成《上海合作组织成员国政府间国际道路运输便利化协定》,以期在区域内合理规划布局交通运输网络,实现公路协调发展规划,加强民航、铁道领域的合作以及与观察员各国之间的交通运输合作。在中国的资助和推动下,成员国确定并陆续启动了包括E-40公路和中—吉—乌公路的两个"示范性"项目。

(6)为能源输送加强管道建设

2006年7月,中哈第一条原油运输管道的正式供油开创了上海合作组织能源领域的先河。随后,2009年12月14日"中国—中亚"天然气管道正式竣工,这条世界上最长的天然气管道,全长一万公里,贯穿乌兹别克斯坦、哈萨克斯坦和中国三个国家,并与中国西气东输二线相连。2010 年 1 月 1 日，中俄原油运输管道正式供油，这条全长近 1000 公里的管道每年承担着 1500 万吨的输油量。

(7)电信领域合作

各成员国长期致力于制定和实施培养信息和电信技术领域人才计划，开展上海合作组织成员国电信机构间的合作，交流建立工业和科技中心(园区)的经验，以推动信息技术、通信及通信程序设计方面的合作，不断完善在电子政务、远程教育和远程医疗诊断方面实施合作项目的建议。2009 年，上海合作组织总理会晤决定启动“上海合作组织信息高速公路”和“利用电子数字签名进行跨界电子合作”示范项目。

(8)金融领域的合作

成员国签署了有关区域金融合作的相关协议，确立了基本的运行制度和未来工作的发展重点。2006 年以来陆续签订了《上海合作组织银行联合体理事会工作条例》《上海合作组织银行联合体项目库建立和管理的总原则》《关于上海合作组织银行联合体成员行间授信的框架原则》《上海合作组织银行联合体关于支持区域经济合作的行动纲要》《上海合作组织银行联合体与欧亚开发银行关系基础备忘录》和《上海合作组织专门账户组建和运行基本原则》等。当金融危机席卷全球时，中国政府先后提供了 100 多亿美元的优惠贷款，用于帮助其他成员国摆脱危机和恢复经济。同时，成员国金融机构之间也加强了交流与合作，探讨实施本币结算以及建立区域开放性金融机构的可行性意见。迄今为止，上海合作组织银联体共为区域内几十个合作项目提供了数百亿美元贷款，涉及基础设施、能源资源、重大产业和民生等多个领域。

(9)人力资源建设领域的合作

2005～2008 年间，中国拨出专项资金为其他成员国培训了 1500 多名不同领域的管理与专业人才。

(10)农业领域的合作

立志于初步完善农业合作机制，不断推进农业贸易和投资便利化进程,加强在农机装备、生物技术、土壤改良和农业节水等领域的合作。2010年签署了《上海合作组织成员国政府间农业合作协定》。

总之,经过这10年的发展,各国整体便利化程度不断提高,根据世界经济论坛近10年发布的《全球贸易便利化报告》显示,上海合作组织成员国贸易便利化指数世界排名均有不同程度的提高。

## 3.2 区域经济合作的问题与障碍因素

### 3.2.1 成员国发展不平衡和利益分歧制约区域经济合作进程

(1)发展不均衡

各国尚存的经济发展不均衡、全球竞争力排名参差不齐,经济合作水平没有达到一定规模等问题阻碍了上海合作组织发展的持续性,2011年上海合作组织成员国GDP如表3-2所示。从上海合作组织各国在全球的综合竞争力情况看,各成员国之间差异较大,其中,中国在全球竞争力中的排名较其他成员国而言十分靠前,说明中国的综合竞争力较强,俄罗斯和哈萨克斯坦居于区域内中间水平,其他中亚国家竞争力排名比较落后,均在100位之外,如表3-3所示。

**表3-2　　2011年上合组织国家GDP情况一览表**

| 项目＼国别 | 中国 | 俄罗斯 | 哈萨克斯坦 | 塔吉克斯坦 | 吉尔吉斯斯坦 |
|---|---|---|---|---|---|
| 人口(百万) | 1367.0 | 147.1 | 16.4 | 7 | 5.4 |
| GDP(美元,十亿) | 7298.1 | 1850.4 | 178.3 | 6.5 | 5.9 |
| 人均GDP(美元) | 5414 | 12993 | 10694 | 831 | 1070 |
| GDP占世界总值比重(%) | 14.32 | 3.02 | 0.28 | 0.02 | 0.02 |

资料来源:世界经济论坛数据。

表 3-3　　上合组织国家各年度全球竞争力(GCI)情况

| 年份＼国家 | 中国 | | 俄罗斯 | | 哈萨克斯坦 | | 塔吉克斯坦 | | 吉尔吉斯斯坦 | |
|---|---|---|---|---|---|---|---|---|---|---|
| | 排名 | 得分 | 排名 | 得分 | 排名 | 得分 | 排名 | 得分 | 排名 | 得分 |
| 2012～2013 | 29 | 4.8 | 67 | 4.2 | 51 | 4.4 | 100 | 3.8 | 127 | 3.4 |
| 2011～2012 | 26 | 4.9 | 66 | 4.2 | 72 | 4.2 | 105 | 3.8 | 126 | 3.4 |
| 2010～2011 | 27 | 4.8 | 63 | 4.2 | 72 | 4.1 | 116 | 3.5 | 121 | 3.5 |

资料来源：The Global Competitiveness Report 2010-2011，2011-2012，2012-2013. World Economic Forum。

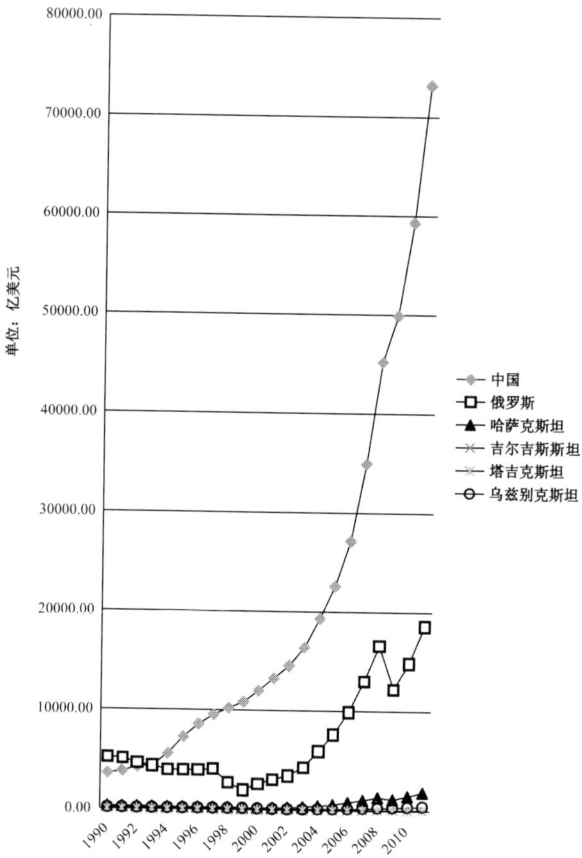


图 3-1　上海合作组织国家历年 GDP 情况

资料来源：根据世界银行 WDI 数据库的相关数据绘制。

从各国经济实力看，经济总量差距大，由此导致各国出于自身经济发展的需要，对开展区域经济合作的目标、要求也各不相同，有时甚至是相悖的，这也在一定程度上制约了区域经济合作的进程，如图3-1所示。

另外，从产业结构看，中国产业结构的多元化和多层次性决定了中国具有和其他国家开展垂直和水平分工的条件，但是中国大量地向其他成员国出口制成品、进口资源尤其是能源产品的行为引发了其他国家的普遍担忧。同时，俄罗斯与中亚国家在经济结构上以资源尤其是能源产品为主的倾向同样加剧了这些国家之间的竞争。区域内的经济结构差异性是扩大深层次合作的隐患。

(2)各国的利益分歧对合作进程产生影响

中俄两国合作的效率从很大程度上影响了上海合作组织整体的合作能力。中俄两国的合作在政治上可以为上海合作组织提供可靠的安全保障，在经济上中俄两国的贸易和经济合作拥有先天的有利条件，资源和产业结构方面的互补性决定了两国经济合作的互利性，也决定了两国在引领和主导上海合作组织多边经济合作中的必要行和可行性。然而，中俄在以下问题上存在着不同程度的分歧：其一，中国认为上海合作组织应同等重视反恐和经济活动，而未来应当将经济发展战略作为上海合作组织的主导战略，俄罗斯则认为应该继续将应对恐怖主义、极端主义和分裂主义作为主导战略。其二，中国坚持在上海合作组织框架内建立统一的一体化空间，而俄罗斯则主张在经济实力相当的两国或三国之间进行次地区一级的一体化。此外，中方在《多边合作纲要》的基础上主张建立上海合作组织自由贸易区，但由于其他五国均认为各国在经济发展方面存在巨大差距而主张暂缓建立自由贸易区。可见各国由于利益分歧尤其是中俄的分歧而引发的主张差异，逐渐形成了上海合作组织区域经济一体化反向的拉动力。所以，如何切实弘扬“上海精神”，组织各成员国统一观念，谋求共同发展，推动组织前行，在不断摸索前进的实践中让各成员国切实感受到经济合作的益处，是上海合作组织面临的主要问题。

### 3.2.2 成员国之间贸易投资不足制约区域经济合作发展

上海合作组织各成员国中，中俄总体经济实力较强，而中俄与其他成员国之间的经济差距甚大，这一状况决定了中俄在贸易投资领域的合作直接影响到区域经济合作的效果。但是中俄的贸易投资合作前景不容乐观。目前，中俄间投资合作基本处于起步阶段。据俄央行统计，截至 2009 年初，俄罗斯累计吸引外国直接投资 2137 亿美元，证券投资 1114 亿美元，而中国对俄罗斯直接投资占比不足 1%(2011 年该指标仅为 1%～2%)，证券投资不足 2‰。① 中国对俄罗斯股份投资占比更低。2007 年 1 月至 2009 年 9 月，外国对俄罗斯的股份投资为 563 亿美元，其中，中国仅为 1.1 亿美元。② 与此同时，中俄的贸易现状也不容乐观。2008 年，中国已成为俄罗斯第三大贸易伙伴，中俄贸易额接近 600 亿美元的目标。2009 年金融危机最严重时贸易额降到约 400 亿美元，直至 2012 年由于中俄两国都陆续摆脱了金融危机影响，双边贸易额才有望恢复到 2008 年的水平。中俄两个世界大国间的贸易额远不如中国与韩国的贸易额，与中欧、中美贸易额相差更大。据统计，2009 年中韩贸易额达到 1562 亿美元，而中欧、中美贸易额基本都在 2000 亿～3000 亿美元，甚至超过 3000 亿美元。③ 究其原因主要在于，中俄贸易间缺乏大宗商品交易和高科技产品支撑。在过去的 10 年间，中俄贸易主要是以中国日用品、小商品对俄出口、和俄一般原

---

① Международная инвестиционная позиция Российской Федерации в 2001-2009 гг: иностранные активыи обязательства по странам дальнего зарубежья и СНГ на начало года, http://cbr. ru/ statistics/ credit_statistics / print. asp? file=iip_cis. htm.

② Виды прямых инвестиций в Россию: покупка/продажа новых акций (долей, паев), слияния и поглощения (по данным платежного баланса) в 2006-2008 годах, I-III квартале 2009 года, http://cbr. ru/statistics/print. aspx? file=credit_statistics/fdi. htm.

③ 王郦久:《为何中俄贸易额远不如中国与韩国?》,http://www. tianshannet. com. cn/finance/content/2011-06/27/content_5923912_2. htm。

料产品对华出口为主，缺乏石油、天然气等大宗商品以及飞机等高科技产品贸易，从而极大地影响了中俄贸易额的大幅提升。可见，中国和俄罗斯对上合组织区域的贸易和投资依存度都较低，相反对区域外的依存度较高。2000年以来，尽管其他四个成员国对上海合作组织区域的贸易投资依存度有所提高，但总体规模较小。目前，中俄都成为其他四个成员国主要的贸易伙伴国，但其他成员国并未进入中国和俄罗斯主要贸易伙伴国之列，这在一定程度上弱化了区域经济合作的作用。从投资角度来看，中亚各国基本不具备对外投资的能力；中国、俄罗斯虽有对外投资能力，但其对区域内的投资规模较小。总之，各成员国间的贸易投资规模的不足使得区域内贸易投资促进措施难以有效实施，达到预期目标，从而影响了区域经济合作的发展。

### 3.2.3 基础设施建设落后严重阻碍区域经济合作开展

上海合作组织各成员国的边境地区交通设施落后，缺乏完善的基础设施建设、便利的通关条件和开放的经济聚集点，这在很大程度上影响了区域合作的开展，所以加强基础设施建设是一项重要而又艰巨的任务。目前，上海合作组织在海关程序、标准一体化、商务流动和监管环境方面存在各种壁垒，严重阻碍了区域内各成员国间贸易规模的扩大，消除上述领域的各种贸易壁垒是扩大区域内各成员国贸易规模的重要前提。受技术和基础设施条件的限制，电子商务在上海合作组织成员国的发展遇到了一定的障碍，上海合作组织成员国所面临的贸易便利化任务十分艰巨。在中国与上海合作组织成员边境的主要城市，如俄罗斯的符拉迪沃斯托克、哈巴罗夫斯拉、伊尔库斯克，中国的哈尔滨、长春、沈阳、呼和浩特、乌鲁木齐等，目前都只是地区性中心城市，城市发展相对滞后，经济实力和开放性都不足以推动区域经济的发展，也难以对周边地区产生巨大的吸引力。

### 3.2.4 多层次区域经济合作组织交叉并存削弱区域经济合作动力

多层级区域经济合作组织交叉并存的现状从不同程度对区域经济合作产生负作用。当前,上海合作组织区域内并存多个次区域合作组织,如中亚合作组织、独联体、欧亚经济共同体、欧亚运输走廊、突厥语国家首脑会议和中西亚经济合作组织等。由于上述组织已经先于上海合作组织成立并在成员间推进贸易自由化,这不仅对上海合作组织构成了压力,同时也产生了竞争。所以,如何确立上海合作组织区域经济合作的目标并尽快启动合作项目,使各成员国尽快享受到区域经济合作带来的益处进而增加该组织的吸引力,是上海合作组织需要亟待解决的问题之一。对于上海合作组织而言,在完善制度框架的同时,进一步深化区域经济合作的关键在于促进区域内贸易和投资,加强区域向心力并协作开拓发展地区经济的空间。

### 3.2.5 以美国为首的西方国家影响上海合作组织区域经济合作

上海合作组织六个成员国均是新兴与发展中的经济体,保障安全和发展经济是各国共同目标。为此,各国在维护上海合作组织共同利益不受危害的前提下,不排斥任何一国与西方国家独立开展经济合作和政治对话,这也是上合组织各国融入全球化进程和当前国际政治经济形势下的一种理性务实选择。上合组织各国通过与西方国家间的对话而非对抗,才能为自身的发展创造良好的政治经济环境。各成员国通过发展与发达国家间的经济技术合作吸引更多的外资,用以缓解或解决各国在经济发展过程中资金短缺和技术落后等问题,促进成员国产业结构的转型升级,客观上有利于加快各成员国融入世界经济体系的进程。

但是,自上海合作组织成立以来,美国认为上海合作组织是在政治、军事、经济上排挤美国在中亚的存在。[①] 2005年吉尔吉斯斯坦的"郁金香革命",乌兹别克斯坦安集延骚乱,上海合作组织阿斯塔纳峰会提出美国从中亚撤军问题,上海合作组织接纳伊朗为观察员,中俄在山东半岛举行大规模联合军演,美国在乌兹别克斯坦汉纳巴德军事基地的关闭……这一系列事件的发生使上海合作组织与美国之间的关系越发紧张。事件的发生使美国官方和学术界都将不满、怀疑和指责指向上海合作组织。在美国学术界,几乎没有学者将上海合作组织看做是对美国"政治友好"组织。美国政府也认为上合组织妨碍了美国在中亚推行民主化,瓦解了美国在伊朗控制核武器扩散的努力,威胁了其在中亚的能源利益。2006年俄罗斯总统提出成立上海合作组织能源俱乐部的建议更加重了美国的怀疑,美国官员甚至公开质疑该俱乐部的合理性与合法性。直至2008年,由于阿富汗安全状况恶化,美国才逐渐减少了与上海合作组织的摩擦。因此,上海合作组织也应充分认识到与西方国家交流和合作对本国政治、经济可能产生的危害,采取适度而有效的措施,防范西方的政治、经济控制和经济全球化背后牺牲成员国国家利益的行为。

---

① 参见[美]阿里尔·科恩:《如何扩大上海合作组织国家的影响力》,http://www.eurasianet.org/departments/insight/articles/eav092106.shtml。

# 第4章

# 上海合作组织贸易投资便利化的法律基础与机制化建设

上海合作组织非常重视法律基础与机制化建设。主要是通过签署协议的方式制定一系列软性法律文件,通过构建相对松散的组织机构并以协商的方式解决相互间的争端。由于上海合作组织成员国经济发展水平和贸易自由化程度不同,各国所存在的贸易投资障碍也就有所不同。在今后的一段时期内,缓解或消除成员国间存在的障碍因素、大力推进贸易投资便利化进程成为上海合作组织各成员国所面临的共同任务。为此,各成员国加强了贸易投资便利化的法律基础完善和机制化建设工作。

## 4.1 上海合作组织贸易投资便利化的法律基础建设与发展

### 4.1.1 制定贸易投资便利化法律文件的宪法性基础

2001年6月签署的《上海合作组织成立宣言》和2002年签署的

《上海合作组织宪章》成为该组织的宪法性文件。其中,《上海合作组织成立宣言》第9条指出:"上海合作组织将利用各成员国之间在经贸领域互利合作的巨大潜力和广泛机遇,努力促进各成员国之间双边和多边合作的进一步发展以及合作的多元化。为此,将在上海合作组织框架内启动贸易和投资便利化谈判进程,制定长期多边经贸合作纲要,并签署有关文件。"①《上海合作组织宪章》的第3条规定:"支持和鼓励各种形式的区域经济合作,推动贸易和投资便利化,以逐步实现商品、资本、服务和技术的自由流通;有效使用交通运输领域内的现有基础设施,完善成员国的过境潜力,发展能源体系;保障合理利用自然资源,包括利用地区水资源,实施共同保护自然的专门计划和方案;为发展本组织框架内的合作,相互交换司法信息;本组织成员国可通过相互协商扩大合作领域。"②上海合作组织以《上海合作组织成立宣言》和《上海合作组织宪章》为基础,为成员国的经济合作和贸易投资便利化建设制定了一系列重要的法律文件和条约。

### 4.1.2 有关贸易投资便利化的法制建设进程

(1)初建时期(2001～2004年)

2001年9月,上海合作组织第一次总理会晤签署了《上海合作组织成员国政府间关于开展区域经济合作基本目标和方向及启动贸易和投资便利化进程的备忘录》以及2002年5月签署的《〈上海合作组织成员国政府间关于区域经济合作的基本目标和方向及启动贸易和投资便利化进程的备忘录〉的议定书》等经济合作领域的重要法律文件,标志着上海合作组织从安全军事领域开始向经济合作领域转变,同时也确定了在上海合作组织框架内以贸易和投资便利化为先导启

① 《上海合作组织成立宣言》,http://news.xinhuanet.com/ziliao/2002-06/04/content_423358.htm。

② 《上海合作组织宪章》,http://baike.baidu.com/view/69035.htm。

动区域经济合作进程。2003 年 9 月，六国总理共同签署了《上海合作组织成员国多边经贸合作纲要》（以下简称《纲要》）和《关于技术性启动上海合作组织常设机构的备忘录》，其中，《纲要》明确了区域经济合作的短期和长期的目标和任务。即至 2020 年前，上海合作组织成员国将致力于在互利基础上最大效益地利用区域资源，为贸易投资创造有利条件，以逐步实现货物、资本、服务和技术的自由流动，建立自由贸易区。中国政府进一步阐述了三点建议：其一，推进贸易和投资便利化；其二，确定若干大的经济技术合作项目和合作领域作为优先方向；其三，确立长远的区域经济合作目标，逐步建立上海合作组织自由贸易区。以上法律文件的签署为上海合作组织区域经济合作进程的正式启动和贸易投资便利化的实施提供了法律依据。

为具体落实多边经贸合作纲要，2004 年 9 月 23 日，上合组织成员国总理会议通过了《关于〈上海合作组织成员国多边经贸合作纲要〉落实措施计划》等 9 个决议，确定了 11 个领域的 127 个具体合作项目，涵盖贸易投资、海关、金融、税收、交通、能源、农业、科技、电信、环保、卫生和教育等领域，提出优先在能源、通信、交通和农业等领域加强合作，并根据分阶段原则确定了落实机制。它的签署标志着该组织区域经济合作和多边协商机制开始实施。

（2）完善时期（2005～2010 年）

2005 年 10 月，成员国政府总理在俄罗斯莫斯科举行第三次会晤时签署的《〈多边经贸合作纲要落实措施计划〉实施机制》，确立了成员国在自愿基础上参与研究和实施共同项目的原则，它的签署使落实措施计划得到切实地贯彻执行。同时还签署了《上海合作组织成员国政府间救灾互助协定》《上海合作组织银行间合作（联合体）协议》和《上海合作组织实业家委员会理事会首次会议纪要》等文件，这为银联体和实业家委员会的运作提供了制度依据。

2007 年 11 月的总理第六次会议上，各国总理就加强贸易、投资、交通、能源、电信、海关及人文等领域合作深入交换了意见，并在完善贸易投资环境、推动实施网络性项目和拓宽融资渠道等方面达成多项共识。成员国代表团团长签署了联合公报等文件及《上海合作组织成员国政府海关合作和互助协定》。

2009年10月，六国总理批准了《上海合作组织成员国关于加强多边经济合作、应对全球金融危机、保障经济持续发展的共同倡议》，这为成员国应对金融危机，保障经济的可持续发展奠定了制度基础。

(3)迈向日臻成熟时期(2010年至今)

上海合作组织经过前两个阶段的发展，决策机制日趋规范和合理。2010年批准的《上海合作组织程序规则》对上合组织的工作程序进行了细化。《规则》的实行对完善内部的机制建设，提高上合组织的工作效率起到了积极的推动作用。

此外，上海合作组织历次各国总理会晤发表的联合公报，为规划未来工作和推进多边经贸合作，为制定进一步推动项目合作的措施和完善组织建设等方面工作的开展提供了发展方向。总之，在上海合作组织总理会晤机制的推动下，各成员合作的法律基础将进一步拓宽和巩固。

## 4.2 上海合作组织贸易投资便利化的机制化建设

机制化建设是上海合作组织顺利发展的重要组织保障，它对于扩大区域内的经济合作发挥了重要作用。同时，上海合作组织框架内的合作领域随着各种会晤机制和工作机制的启动不断逐渐扩大。

### 4.2.1 机制化建设的组织架构

上海合作组织在创立初期就非常重视机制化建设。早在2001年6月六国签署的《上海合作组织成立宣言》中就指出，“为落实本宪章宗旨和任务，组织框架内的机构包括：国家元首会议、政府首脑(总理)会议、外交部长会议、各部门领导人会议、国家协调员理事会、地区反恐怖机构、秘书处”,同时规定了各组织机构的职责,从而形成了上合组织机制化建设框架的雏形。其中,元首会议和总理会议这两个会议机制最为重要,它们承担着不同的职责。元首会议的重点是为上海合作组织未来发展确定方向,即负责研究、确定上海合作组织合作与活动的战略、优先领域和基本方向。它是上海合作组织的最高行政机构,通过召开例行会议和非例行会议的方式组织工作,元首例会每年举行一次。总理会议的重点是推进经济合作,为上海合作组织的发展夯实物质基础,即落实元首会议通过的关于经济合作的重大决定,落实元首峰会签署的重要文件;解决各领域特别是经济领域发展合作的原则问题;通过关于举行上海合作组织成员国各部门领导人会议以及研究在各领域开展合作的具体问题的决议;监督各部门领导人会议工作和会议决议的落实。根据宪章和有关条例规定,政府首脑(总理)会议每年召开一次例行会议。

为了落实政府总理会议的相关任务,上海合作组织成立了包括外长部长、国防部长、经贸部长、文化部长、教育部长、农业部长和科技部长的一系列部长级会议机制。其中,成员国间的经贸部长会议是上海合作组织区域经济合作管理的主要机构。随着区域经济合作的发展,交通部长会议、科技部长会议、农业部长会议以及财长和央行行长会议机制将相继形成。

协调员会议机制是上海合作组织日常活动的协调和管理结构,其主要职能为:就上海合作组织框架内完善宪章规定的有关领域合作准备文件和建议草案,经外长会议提交元首会议和总理会议,以及为外长会议准备必要的材料;审议和批准秘书处关于组织和举行元首会议、总理会议、外长会议和成员国各部门领导人会议的建议等。

### 4.2.2 促进贸易投资便利化的官方性机制化建设进程

(1)上海合作组织总理会晤机制取得丰硕成果

2001年9月13～14日,各成员国总理在哈萨克斯坦阿拉木图举行首次会晤，正式建立了上海合作组织框架内每年一次的总理会晤机制。2001～2011年，上海合作组织成员国总理共举行了十次会议，先后签署了《上海合作组织成员国多边经贸合作纲要》《〈上海合作组织成员国多边经贸合作纲要〉落实措施计划》《上海合作组织成员国政府间救灾互助协定》《上海合作组织银行间合作（联合体）协议》《上海合作组织实业家委员会理事会首次会议纪要》和《上海合作组织成员国政府海关合作和互助协定》等多项指导性文件，确定了组织框架内经济合作的优先方向。

（2）各成员国不断完善经贸部长会议机制

根据第一次总理会晤签署的“备忘录”的规定，2002年5月28～29日，上海合作组织经贸部长在上海举行了首次会晤并联合发表声明，各方为了落实在能源、交通、电信、农业、旅游、银行信贷、水利和环保等重点领域集中力量开展合作，决定建立成员国负责对外经济和贸易实务的经贸部长会晤机制。2003年9月5～6日，上海合作组织经贸部长第二次会议上，各方商定了《上海合作组织成员国多边经贸合作纲要》，为9月23日总理会晤达成建设性成果做了大量基础性工作。同时，各成员国不断完善经贸部长会议机制。2003年9月，上合组织成立了经贸部长会议高官委员会和七个方面的专业工作组。其中，高管委员会负责准备部长会议及本组织重要经贸文件的起草和磋商；海关、质检、电子商务、投资促进、发展过境潜力、能源、现代信息和电信专业工作组各司其职，负责落实上海合作组织元首峰会及总理会晤所做出的有关区域经济合作的各项决议，各专业工作组由各国主管相关领域的官员组成（其中，能源和电信专业工作组于2006年启动，目的是为了加强油气、信息领域的研究与合作）。海关专业工作组制定了《上海合作组织成员国政府关于海关合作与互助协定》草案和《关于就能源监管进行信息交换议定书》草案，并就简化和协调海关程序、海关和运输单证一致化、相互承认海关文件、海关监管程序和识别方法等问题拟定了相关建议。发展过境潜力工作组确定了一系列优先发展的项目，包括同步建设 E-40 国际运输线中伏尔加格勒—阿斯特拉罕—阿特劳—别伊涅乌—昆格勒和阿克套—别伊涅乌—昆格勒两段公路及建设跨基嘎奇河大桥；开发奥什—萨雷塔什—伊尔克什坦—喀什(中国)、布拉茨特沃—杜尚别—吉尔卡塔尔—卡拉梅克—伊尔克什坦—喀什的公路线，并建设喀什转运站以组织多方式运输；研究建设中—吉—乌铁路的经济效益问题(吸收塔吉克斯坦参与)；组织开通经上合组织成员国境内路线的示范性集装箱列车。采用技术规则、标准和评定合格程序领域合作工作组制定通过了一系列措施，以落实关于执行《措施》第三部分“采用技术规则、标准和评定合格程序领域合作”条款。电子商务工作组制定了《上海合作组织成员国合作运营和维护区域经济合作网站协定书》草案。

2003 年以后，在经贸部长会议的推动下，2004～2005 年六国联合成立了实业家委员会和银行联合体，起草制定了《上海合作组织成员国多边经贸合作纲要》落实措施计划；2005 年经贸部门领导人例行会议上，审议并原则上同意有关《上海合作组织多边经贸纲要措施计划》实施机制的草案。2006 年部长例行会议上，责成上海合作组织框架内主要合作领域专业工作组加强首批“示范性”项目的研究工作，明确了发展过境潜力工作组商定的两个示范性项目，提出了加强与上海合作组织实业家委员会和银行间联合体加强协作的要求，签署了《关于合作运行和维护“上海合作组织区域经济合作网站”的协定》，审议了海关合作专业工作组商定的《政府间海关合作与互助协定》并提出在投资促进专业工作框架内商签《政府间鼓励和相互保护投资协定》的倡议。2007 年 10 月经贸部长第六次会议责成高管委员会和专业工作组将继续开展《〈上海合作组织成员国多边经贸合作框架〉实施计划》的落实工作，同时抓紧研究建立本组织发展基金问题。2008 年 9 月 24～25 日，上海合作组织经贸部长第七次会议在北京召开，会议通过了重新修订的《〈上海合作组织成员国多边经贸合作纲要〉落实措施计划》草案，并将其提交给上海合作组织成员国政府首脑(总理)理事会批准。部长会议同意将进一步推动解决上海合作组织区域经济合作的重要问题，包括为促进成员国经济社会持续发展建立吸引外资的机制、加强研究和实施互利的多边相互，继续采取措施加强高管委员会和专业工作组的工作，以及加强与上海合作组织实业家委员会和银行间联合体的协调工作。2009年9月10日，上海合作组织经贸部长第八次会议商定了《上海合作组织成员国应对全球金融危机、振兴区域经济共同行动倡议》草案，2010年要求继续强化落实《上海合作组织成员国关于加强多边经贸合作、应对全球金融危机、保障经济持续发展的共同倡议》。2011年，提出了采取措施推进经贸部长会议项下各专业工作组的工作，推进多边经济合作与投资的要求。

(3)国际金融危机后上海合作组织财经合作机制不断加强

上海合作组织成员国间金融合作机制最早以双边合作为主。各国的双边金融合作分委员会是双边总理定期会晤机制下的专业性合作机制之一，其目的是加强双边银行机构之间的信任和合作。2008年国际金融危机后，上海合作组织财经合作机制不断加强。2009年12月举行了上合组织第一次财长与央行行长会议并达成一致意见：为应对全球经济金融危机的影响，应积极落实《“上合组织成员国间多边经贸合作纲要”实施措施计划》和《上合组织成员国关于加强多边经济合作、应对全球经济金融危机、保障经济持续发展的共同倡议》框架内关于财金领域合作所达成的共识。首次财长与行长会议以来，上海合作组织框架内的财金合作进一步发展，上合组织财金合作机制化建设不断加强。2012年5月17日，上海合作组织第二次财长和央行行长会议在北京举行。各方讨论了组建上合组织发展基金（专门账户）和上合组织开发银行的问题。同时，各方积极评价了2011年11月7日上合组织成员国政府首脑理事会联合公报，并研究建立上合组织发展基金（专门账户）及上合组织开发银行的相关问题开展的工作。各方责成在专家层面继续在上述领域开展工作，并向下次上合组织总理会议报告。各方商定，将继续积极开展双边及多边金融务实合作，扩大成员国间双边本币结算，进一步促进区域贸易和投资发展，提高应对外来不利冲击和抵御风险的能力。目前上合组织成员国的金融机构联合成立投资基金的计划正在推进过程中。

(4)多边框架下的能源合作机制建设

通过在上合组织内部建立能源合作机制有利于提前固定油气交易和价格，平抑成员国内部油气价格和需求量的大幅波动，满足各方在能源领域的诉求。最早的多边能源合作机制设想是在上合组织内建立能源俱乐部，能源俱乐部是该框架下加强能源合作的机构，目的是将成员国内部的能源多边合作制度化。2004～2006 年俄罗斯先后提出建立能源俱乐部的建议，2007 年第一次成员国能源部长会晤制定了能源俱乐部章程，但由于没有形成统一意见，最终没有通过。直到现在，能源俱乐部的成立进展仍十分缓慢，存在着诸多阻碍多边能源合作机制建设的因素，尤其是经济的高速增长也在一定程度上削弱了一些国家参与多边能源合作的动力。2003～2008 年世界能源价格急剧上升，上合组织油气储量丰富的成员国受益于世界油价上升带来的经济和政治利益而对多边能源合作持消极态度。特别是成员国意见相左成为了阻挠多边能源合作发展的主要因素。俄罗斯期望在中亚地区建立一个石油卡特尔以便控制当地的能源资源；中国与中亚合作的目的是保障能源安全，无意在组织内成立类似石油输出国组织的机构；其他成员国担心多边能源合作机制形成后会使其丧失自主权。①

2008 年金融危机引发俄罗斯以及中亚各国经济低迷，也为各成员国加速多边能源合作进程提供了合作的契机和动力。2011 年，各成员国签署了旨在推动上合组织能源俱乐部的《西安倡议》；2011 年底，能源俱乐部高级工作小组会议应运而生。在《西安倡议》中，中国、吉尔吉斯斯坦、俄罗斯、塔吉克斯坦四国代表就成立上海合作组织能源俱

① 参见许勤华：《后金融危机时期上合组织框架内多边能源合作现状及前景》，《俄罗斯中亚东欧研究》2012 年第 4 期。

乐部的重要意义、基本构想和工作计划等事宜进行了坦诚友好的磋商并达成了共识。《西安倡议》的签署表明了上合组织框架内多边能源合作机制有了重大突破，机制完整的多边能源合作将是未来的发展趋势。成立上合组织能源俱乐部对于进一步巩固欧亚国家能源合作成果，扩大合作领域，提高合作水平将产生积极的促进作用；对于进一步加强各国政府、科研机构和企业之间交流对话创造了新的平台；对于进一步推动各国在能源领域开展更加紧密的合作建立了长期稳定的合作机制。

(5)上海合作组织框架内多边交通合作机制建设

上合组织将交通合作作为区域合作的优先领域，优先在该领域启动贸易投资便利化。2002年，由吉尔吉斯斯坦和中国共同倡议建立了上合组织框架内的交通部长会议机制，该机制的建立为成员国之间顺利开展交通运输合作，促进本区域贸易投资便利化提供了良好的合作渠道与机制。截至2011年11月，上合组织已经举行了五次交通部长会议。2009年的第四次交通部长会议取得了在中吉公路、E-40公路、塔乌公路等本组织重要公路通道建设项目的积极进展，《上海合作组织成员国政府间国际道路运输便利化协定》的制定工作也取得了阶段性成功。在2011年10月的第五次会议上，各方一致同意继续加强交通领域的互利合作，中方代表团再次呼吁各方加快《协定》的签署工作。因为该协定的签署将为建立区域公路运输通道提供可靠的法律保障，也将为推进我国全方位实现国际交通便利化推波助澜。总之，在上合组织框架下交通合作机制的建立，对于落实上海合作组织总理会晤批准的《“上海合作组织多边经贸合作纲要”实施措施计划》中明确的交通领域的合作项目，保障《亚洲公路网政府间协定》在各成员国之间的执行及对中国与中亚国家、俄罗斯道路交通合作起到了重要的引导和组织建设作用。

此外，在亚洲开发银行的支持下成立的中亚区域经济合作框架中，形成了交通运输协调委员会机制。在双边层面上，中俄、中哈之间建立了交通合作分委员会合作机制，中塔、中吉等地方交通主管部门之间也确立了定期会晤机制。新疆维吾尔自治区及伊犁哈萨克自治州等也与哈萨克斯坦等周边国家的相应机构进行了互访并建立了不同层次的交通合作机制。

总之，上海合作组织首脑会议和总理会晤是贸易投资合作的最高解决机制。上合组织秘书处和各成员国经贸部长会议负责协调《纲要》及《措施》的实施，同时还设了成员国经贸部高官委员会和 7 个专业工作组。随着经济合作的发展，上海合作组织将不断完善其他部长级会议机制以促进贸易投资便利化进程。

### 4.2.3 半官方或非官方性的机制化建设

在各成员国政府的鼓励和帮助下，上海合作组织框架内的一些非官方协调机制开始建立，如实业家委员会、银联体、上海合作组织工商界论坛、学界论坛等。

(1)实业家委员会和银联体

上海合作组织成员国成立发展基金和上海合作组织银行的条件尚不成熟。在这种情况下，利用民间的资本和非政府组织来推动局部、多边贸易投资便利化，成为推动上海合作组织贸易投资便利化的基础和前奏。上海峰会通过的《上海合作组织实业家委员会决议》和《上海合作组织银行联合体成员行关于支持区域经济合作的行动纲要》为实业家委员会、银行间联合体开展工作奠定了基础，实业家委员会和银联体作为企业交流和项目融资的重要平台，为加强本组织经济金融合作、规划落实区域性共同项目发挥了重要作用。

为积极推动区域经济合作，各成员国 2006 年 6 月成立了实业家委员会，它是联系各成员国的实业和金融界的非政府组织，由各国大中型企业参与，以积极推动企业之间的务实性经贸合作为目标，每年轮流在各成员国召开会议，实业家委员会的建立对落实经贸合作纲要及其他协议，逐步推进成员国间贸易投资便利化进程，落实多边合作项目起到了推动作用。

2005年11月16日上海合作组织银行联合体成立。该联合体由中俄双方共同倡议，是成员国金融界走向合作、落实中亚地区大型联合投资项目的重要平台。参与签署协议的银行分别是中国国家开发银行、哈萨克斯坦开发银行、吉尔吉斯共和国结算储蓄公司、俄罗斯对外经济银行，塔吉克斯坦国民银行和乌兹别克斯坦共和国对外经济银行等。银行联合体的宗旨是：依托政府的协调和推动作用，按照市场运作方式，共同为上海合作组织框架内合作项目提供融资支持。根据中方的建议，银行间联合体应从以下几个方面展开工作：首先，创新融资合作模式，支持重点项目开展；积极落实《上海合作组织成员国多边经贸合作纲要》实施措施计划中的项目所需融资及相关金融服务；重点开展区域内多方参与、多边受益的网络性大型基础设施项目的合作，例如公路、铁路、电力、通信、能源、管道运输等，为进一步提升合作水平奠定良好基础。其次，不断完善自身制度建设，扩大组织及其影响力，为区域内项目提供强有力的融资支持。最后，不断充实银联体项目库，加强信息交流及共享。大力培育潜在合作相互，及时启动成熟项目，制定银联体内项目筛选、评估、融资、管理的有效便捷措施。

资金缺乏是上合组织区域经济合作项目实施的掣肘问题。因此，要充分发挥上合组织银行间联合体的作用，采用更加灵活的市场化方式为区域内的大项目提供融资服务。要着力构建多渠道区域金融服务体系，如加快研究并设立以增强能力建设、促进贸易和投资活动为主要任务，由各方共同出资的发展基金或专门账户，加大对区域内大项目前期投入的支持力度。要积极引入亚行等国际金融机构的资金，探讨建立合资银行、创办各种投资基金等多种有效的金融合作方式，为区域经济合作项目提供资金支持。

(2)建立论坛制度

上海合作组织还充分发挥各种论坛的作用，构建了政府、学术界、工商界互动的机制化平台。2006年5月22日成立的上海合作组织论坛是对上合组织进行长期评审和科研的机构。2005 年成立的欧亚经济论坛是探求和发展新型区域对话与合作模式，促进中国中西部与中亚及俄罗斯建立全方位、多层次的沟通渠道和合作平台。另外，还要发挥上海合作组织投资论坛、工商论坛的作用，为上海合作组织发展出谋划策。

# 第5章
# 上海合作组织贸易便利化进程分析

## 5.1 贸易便利化的现实基础与制约因素

### 5.1.1 贸易便利化的有利条件

(1)区域贸易稳步发展,贸易联系更加紧密

自上海合作组织成立以来,成员国间的经贸合作在经济领域内取得了长足发展。国务院发展研究中心对外经济研究部研究员赵晋平认为,上海合作组织在推动未来地区经济合作方面有着巨大的潜力,如这一地区能成功实现经济一体化,则意味着2020年之前将占有全球30%左右的GDP份额。①

首先,区域贸易实现了稳定增长。2007～2011年间,上合组织成员国对外贸易实现了较快增长,到2011年六个成员国对外贸易总额达到46509亿美元。中国与其他成员国间贸易额从2001年的121亿

① 参见西陆星:《美日布局中亚地缘战略,英议员忧心上合组织影响》,http://club.xilu.com/emas/msgview-821955-217795.html。

美元增长到2011年的1134亿美元[①]，首次突破了1000亿美元。2007～2011年各成员国对外贸易具体情况，详见表5-1。

表5-1 2007～2011年上海合作组织成员国对外贸易状况 单位：亿美元

| 国家＼年份 | 2007年 | 2008年 | 2009年 | 2010年 | 2011年 |
| --- | --- | --- | --- | --- | --- |
| 中国 | 21738.3 | 25616.3 | 22072 | 29727 | 36420 |
| 俄罗斯 | 5517 | 7347 | 4690 | 6256 | 8447 |
| 哈萨克斯坦 | 805 | 1090.7 | 716.1 | 899.8 | 1261.6 |
| 吉尔吉斯斯坦 | 41.1 | 59.3 | 47.1 | 49.8 | 80.1 |
| 乌兹别克斯坦 | 142.3 | 190.8 | 212.1 | 218.4 | 255.4 |
| 塔吉克斯坦 | 39.2 | 46.8 | 35.8 | 38.5 | 44.4 |
| 总　计 | 28282.6 | 34350.9 | 27773.3 | 37190.1 | 46509.1 |

资料来源：上海合作组织官方统计。

其次，各成员国之间的贸易联系更加紧密。表5-2显示，除中国外，2011年各国与成员国的贸易额占各国对外贸易总额的比重均在10%以上，其中吉尔吉斯斯坦的这一比重超过50%，乌兹别克斯坦和哈萨克斯坦的这一比重分别接近50%和40%。2011年与2001年相比，各国与上合组织成员国贸易额占各国对外贸易总额的比重，除哈萨克斯坦外，其他各国均有不同程度的提高。

此外，上海合作组织成员国互为主要贸易伙伴，2011年与2001年相比，各成员国前五大贸易伙伴中，上海合作组织成员国的数量有所增加排名明显上升。[②]

① 参见张晓宇：《盘点上合北京峰会，谋划未来等三大亮点》，http://www.chinanews.com/gn/2012/06-08/3947535.shtml。

② 参见李进峰、吴宏伟主编：《上海合作组织发展报告：上海合作组织睦邻友好年专辑(2012)》，社会科学文献出版社2012年版，第67页。

表5-2　与上海合作组织成员国的贸易额占各国对外贸易总额比重

| 国别＼项目 | 与上合组织成员国贸易额占2001年本国对外贸易总额比重(%) | 与上合组织成员国贸易额占2011年本国对外贸易总额比重(%) |
| --- | --- | --- |
| 中国 | 2.4 | 3.1 |
| 俄罗斯 | 9.3 | 13.3 |
| 哈萨克斯坦 | 43.2 | 38.2 |
| 吉尔吉斯斯坦 | 53.4 | 57.8 |
| 乌兹别克斯坦 | 25.4 | 48.4 |

资料来源：根据上海合作组织官方统计。

北京峰会期间，上合组织“安全”和“经济”两个轮子的说法被频频提起。经济领域内，成员国间经贸合作取得长足发展，中国与其他成员国间贸易额从2001年的121亿美元增长到2011年的1134亿美元。但是，较之安全合作领域，经济合作仍是上合组织相对薄弱、更待挖掘潜力的环节①。

(2)上合组织促进贸易便利化存在良好的政治安全环境

首先，各成员国边界问题基本得到解决。苏联解体后，中亚各国相继独立，历史遗留的边界问题成为中国与俄罗斯、中亚邻国发展关系中的重大障碍。为了解决这一问题，“上海五国”在1996年和1997年分别签署了《关于边境地区加强军事领域信任的协定》和《关于在边境地区相互裁减军事力量的协定》。这些协定的签署和实施有益于在长达7500多公里的边境地区形成一个广阔的安全带和信任带，极大地促进了边境地区的社会稳定和经济发展。其次，上海合作组织成立伊始，六国就签署了《打击恐怖主义、分裂主义和极端主义上海公约》，为维护该地区的安全稳定奠定了法律基础。目前上海合作组织成员

① 参见张晓宇：《盘点上合北京峰会，谋划未来等三大亮点》，http://www.chinanews.com/gn/2012/06-08/3947535.shtml。

国均处在重要的历史发展时期，通过加强与周边国家的经济合作来发展本国经济是各国作出的重要选择。因此，该组织各成员在政治、军事、安全和反恐领域的合作为开展区域经济合作奠定了必不可少的政治安全基础。

(3)各成员国经济互补性造就了贸易便利化的基础

各成员国在资源、市场、劳动力和科技等方面各有优势，产业互补性强，经济的相互依赖程度不断提高。一方面，我国是劳动力资源丰富的国家，在劳动力密集型产品上具有传统比较优势。但随着我国劳动力成本的提高，产业结构的调整和国际竞争的加剧，近年来我国的劳动力密集型产品的比较优势明显弱化。但在上合组织成员国中，我国的纺织品、服装和鞋类等产品依然具有较强的竞争力。同时，我国的资本技术密集型产品国际竞争力也在逐步提高，目前已经在成员国间具备了较强的比较优势。另一方面，我国的资源密集型产品不具有比较优势，而国内旺盛的市场需求却呈现出极强的刚性化趋势。所以，我国需要以上合组织区域经济合作为平台，实现与成员国间的优势互补。

中亚国家和俄罗斯拥有丰富的矿产资源，尤其是在石油、天然气和金属类产品上具有较强的出口竞争力，俄罗斯在航空、航天、造船、油气勘探开发等方面具备较强的竞争优势，在其他成员国有较大的市场空间，但同时这些国家在机械、电子类成品的进口需求也呈现出逐年上升的趋势。总之，中亚国家和俄罗斯是中国能源和其他矿产资源的重要来源地，又是中国轻工业产品、机械电子类产品的主要出口市场。这种资源市场型合作形式是中国与其他成员国经济合作的主要特征，体现出很强的贸易互补性。

根据《世界银行 2010 年研究报告》数据，利用互补性差距指数，可以发现中亚国家与俄罗斯、中国区域市场有较强的贸易潜力(非天然资源密集型产品)。表 5-3 是中亚国家与中国、俄罗斯、印度、土耳其、欧盟 15 国的互补性差距指数。

表 5-3　哈萨克斯坦、吉尔吉斯斯坦和塔吉克斯坦之间的互补差距以及主要区域市场

| 国家或国家组织 | 哈萨克斯坦 | | 吉尔吉斯斯坦 | | 塔吉克斯坦 | |
|---|---|---|---|---|---|---|
| | A | B | A | B | A | B |
| 中国 | 16 | 30 | 25 | 21 | 33 | 15 |
| 印度(观察员国) | 21 | 30 | 29 | 17 | 36 | 12 |
| 俄罗斯 | 13 | 36 | 24 | 22 | 28 | 20 |
| 土耳其 | 13 | 31 | 26 | 19 | 30 | 16 |
| 欧盟传统 15 国 | 12 | 34 | 24 | 19 | 26 | 21 |

注:A =互补性缺口的比例(不可替代产品),B=互补性缺口的比例(从现有的出口产品中需求没有得到满足的产品)。互补性缺口定义为1减去一组数据(即两个国家的贸易互补性指数)。对于任何两个国家,每一个产品类型都是四种结果之一:(a)它可以进口,但不出口;(b)它可以出口,但不进口;(c)它可以进口超过出口;(d)它可以出口超过进口。A 列中的产品是(a)或(b)情况,B 列中的产品(c)情况。

资料来源:United Nations commodity trade database,World Bank Report, 2010。

表 5-3 显示,互补性缺口的比例与不可替代产品品种及未满足需求的现有出口产品的份额有关。互补性缺口的差距大小反映了中亚国家与中国、俄罗斯、印度、土耳其和欧盟 15 国的出口潜力,表中数据反映中亚国家与这些区域市场的出口潜力变得更强,表明未来中亚地区都有着向中国、印度,俄罗斯、土耳其和欧盟 15 国扩大出口的趋势,尤其是与会员国中国和俄罗斯以及观察员国印度的出口潜力都比其他区域市场出口潜力要高。主要原因是,2002～2004 年和 2005～2008 年哈萨克斯坦、吉尔吉斯斯坦和塔吉克斯坦与欧盟国家、土耳其的贸易互补性指数总体上都高于中国和俄罗斯,这就造成了未来中亚国家与中国和俄罗斯之间的出口潜力将会高于与土耳其、欧盟 15 国的情况(如图 5-1 所示)。

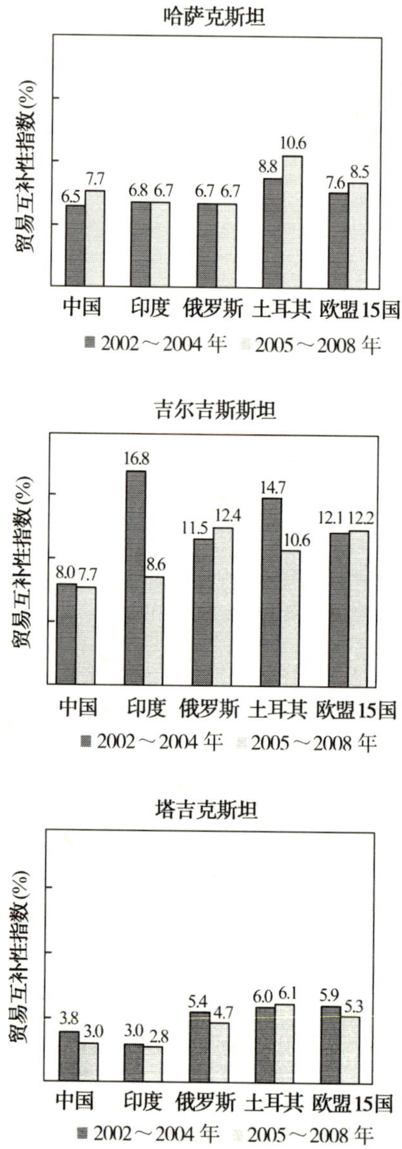


图 5-1　哈萨克斯坦、吉尔吉斯斯坦、塔吉克斯坦的主要区域市场的一般贸易互补性（2002～2004 年和 2005～2008 年）

资料来源：United Nations commodity trade database，World Bank Report，2010。

(4)地缘经济利益为贸易便利化提供了动力

上海合作组织成员国地理位置优越,较适宜开展区域经济合作,所以推行贸易便利化能够为彼此带来较大的地缘经济利益。其一,从中亚四国来看,地处内陆和缺少直接出海口是各国经济发展的最大障碍。尤其是这些国家独立后受原苏联经济分工格局及各种政治因素的影响,仍与俄罗斯保持着密切的经济联系,并在不同程度上受制于俄经济利益。为此各国都力求实现对外经济联系的多样化,所以发展同周边国家的合作便成为中亚各国的重要发展战略。通过开展区域经济合作和贸易便利化,中亚国家可以利用第二座欧亚大陆桥,为中亚各国进出口货物搭建便捷的通道,有效地将中亚国家与亚洲市场连接起来,从而为其丰富的国内资源寻找到广阔的销售市场,又可为其短缺的资金、技术和消费品寻求来源,改变其经济发展单纯依赖俄罗斯的局面。此外,中亚国家与俄罗斯、中国合作有地缘政治和经济因素的考量。由于历史原因,中亚国家长期与俄罗斯共处,经济、政治、军事和人文各方面存在千丝万缕的联系。俄罗斯不仅一直维护其在中亚的政治、军事的影响力,而且长期保持着与中亚国家间密切的经济关系。由于原苏联长期推行劳动分工政策,中亚各国在生产链条中只作为原料生产国存在,经济结构单一,对俄罗斯存在严重的依附性。这种经济联系是短时间无法改变的。为了国家的生存和发展,中亚各国不得不现实地对待与俄罗斯的关系。直到目前,中亚国家依然还是俄罗斯主要的劳动力供应者。在中亚五国对外关系中,俄罗斯被置于最优先考虑的地位,哈、土等国认为,与俄之间是“最重要的”和“战略性”的关系。乌认为,“不与俄罗斯保持友好合作关系,乌兹别克斯坦就不会有未来的前途”①。从中国的角度出发,中亚国家是中国的后方基地,中亚的安全稳定直接影响到中国边疆的安定。从经济上来看,

① 赵常庆:《中亚五国对外关系现状与发展趋势》,http://www.360doc.com/content/12/0418/12/8533258_204610185.shtml。

中国强劲的经济增长势头能够为中亚国家提供资金支持。因此，中亚各国对开展区域经济合作，尤其是与中国开展经济合作表现出强烈的愿望。其二，从俄罗斯来看，俄罗斯若要实现经济快速发展，必须开发地域广袤、资源丰富的远东地区，但资金、人力不足是远东开发的主要障碍。中国与俄罗斯远东地区接壤，可为开发这一地区提供充足的人力、物力和财力支持。在东亚地区，俄罗斯拥有前景极为广阔的能源需求市场。俄罗斯丰富的油气资源要进入东亚和东南亚市场，借道中国是最为经济的途径。另外，通过与中国建立紧密的经济合作关系，可为俄罗斯的大量商品找到消费市场，同时，还可以通过中国与亚洲地区的其他国家开展合作来加速经济发展。其三，从中国来看，开展与其他成员国的贸易便利化合作，可以增加稳定的油气资源来源，中亚、俄罗斯是油气资源异常丰富地区，引进其油气资源不仅可以保障能源进口的安全性，还可以降低运输成本。

### 5.1.2 贸易便利化的制约因素

目前，在上海合作组织框架内，依然存在着阻碍成员国间货畅其流的制约因素，主要是通关口岸、检验检疫、统一标准、交通运输等环节的非关税壁垒影响贸易便利化。

(1)海关合作面临的问题

尽管各成员国在海关总署级和边境直属海关等不同层面建立起多边或双边的海关合作机制，但依然存在政策变动频繁、执法口径不一和随意性、货物滞留等突出问题，影响各国经贸合作的健康发展。

第一，一些国家政策和规则多边形大，口岸基础设施落后，各成员国协作效率不高。例如，在哈萨克斯坦，进口赋税调整频繁，有些商品几乎每年调整一次；2006～2007 年哈国在没有提前公告的情况下，修改了清关方式和货车载货标准，令中国企业措手不及，不符合新规定的车辆被迫滞留口岸，拖延了通关时间。加之，各国经常性的沟通联系较少，贸易双方往往因相互出台新政策、新规定缺乏及时必要的沟通和反馈,从而影响了货物的正常通关。中亚地区上合成员国普遍存在的基础设施落后问题,制约了口岸的吞吐能力,同样的问题也出现在俄罗斯的一些边境口岸。尽管“十一五”期间,中国加大了对阿拉山口、霍尔果斯等口岸的资金投入,使口岸基础设施建设大为改观,但新疆边境口岸仍存在各职能部门协作效率低下的问题。如报关报检等进出口贸易程序颠倒、国检边检职责不清、同一批货物须由多个部门查验等问题的存在,既延误了通关时间,又增加了交易成本。

第二,各国海关间合作不紧密,各行其是,手续繁琐不一,贸易法规政策不透明,影响通关速度。由于这个问题的存在使贯通上海合作组织六国的欧亚大陆桥的运输畅通受到严重影响,真正实现畅通运营的只是中国与哈萨克斯坦区间。上合组织各国贸易合作的发展对各国海关的深度合作提出了新的要求,为此,迫切需要简化和统一上合组织各成员国的海关通关手续。

第三,上合组织各成员国中依然存在严重的技术性贸易壁垒。哈萨克斯坦规定,进口食品和饲料必须接受严格的卫生和健康检验。中国企业反映,哈萨克斯坦对进口食品和饲料在检验中随意提高检验标准及增加检验项目,对进口产品造成了歧视。对部分进口商品制定了特别的检测规定,部分进口商品必须通过哈萨克斯坦标准化、度量衡和检测中心进行的国家安全检测方可入关。[①] 俄罗斯也有较高的技术性贸易壁垒,在食品、服装、家电方面与中国的质量标准体系存在显著的差异,这在很大程度上影响了我国商品对俄的出口。此外,俄罗斯对部分进口商品的征收高关税。例如,俄罗斯对汽车、塑料制品、部分纺织面料及服装、白糖、烟草、酒精等商品征收25%以上关税,这部分商品占俄进口商品总量的10%以上。其中,俄罗斯对中国进口商品实行了歧视性贸易政策,对来自其他国家进口的纺织品征收6%～7%的

---

① 参见孙宁:《中国与哈萨克斯坦贸易壁垒法律问题》,《企业技术开发》,2010年第12期。

关税，而对来自中国进口的纺织品则征收 11%以上的高关税。另外，俄罗斯出台的针对零售贸易经营主体使用外籍劳工许可比例的一系列政策，极大影响了俄罗斯与其他成员国的零售贸易和劳务合作的便利化。例如，从 2007 年 1 月 15 日起，外国人在售货摊、市场以及商店以外的场所从事零售业的人数不得超过零售业总人数的 40%。从 2007 年 1 月 1 日起，外国公民禁止在俄罗斯从事酒类和药品贸易。

第四，一些国家存在其他通关环节壁垒。以哈萨克斯坦为例，哈萨克斯坦海关手续繁琐，随意性大。自 2002 年 10 月起，哈萨克斯坦授权第三方机构对进口货物进行“海关审计”，然而在实践中第三方机构仍然存在以国际价格为基础重新确定进口货物海关价值的做法。这一做法与 WTO《海关估价协定》第 7 条严重不符，导致大约 20%通关货物的海关价值被高估。哈萨克斯坦海关还规定，进口商采用单据复印件或传真件报关时，必须经过公证并附函向哈海关确认其内容的真实性；通关时必须提供哈海关和中央银行用以监督贸易过程中资金使用情况的“交易护照”，否则不予放行。哈萨克斯坦的《海关法》明确规定，只有在三种情况下进口货物才需提供进口货物原产地证明，但哈海关在通关过程中经常要求不属于这三种情况的进口货物提供原产地证明，否则，按照哈萨克斯坦法定税率的两倍征收进口关税。上述做法对进口商品在哈通关造成了很大的负面影响。[①]

总之，尽管中国与上合组织国家建立了多种形式的海关合作，但由于相关协议实施的难度大进程慢，各国海关信息化水平低，因而各国海关合作进展缓慢。例如，目前中国与中亚各国对海关监管手续，包括海关印章和标识还缺乏相互的承认和认可。中亚区域上合成员国已使用统一格式的海关报关单证，而中国仍使用本国报关单证，报关单据的不一致导致了海关工作重复、通关效率低下问题频出。

---

① 参见孙宁：《中国与哈萨克斯坦贸易壁垒法律问题》，《企业技术开发》，2010 年第 12 期。

(2)跨国交通运输发展不平衡

在上海合作组织区域内,中亚地区的跨国交通运输问题异常突出。根据亚洲开发银行的研究,目前中亚地区运输费用远远高出亚洲平均物流成本,迫切需要建立高效便捷的国际交通运输体系。

在公路方面,中国与中亚国家道路等级不对接问题相当严重,中亚区域内上合组织成员国的公路路况较差严重制约了双方贸易往来。在铁路方面,目前中国出口中亚国家商品经由新亚欧大陆桥运出,但这一铁路运输通道运力不足,导致中国出口商品尤其是新疆地产商品因车皮紧张而无法顺利出境。

技术标准的不统一依然是交通运输合作中的重要问题。铁路轨距不同严重制约了铁路的通畅。如,中国使用的是准轨,而中亚与俄罗斯均为宽轨,双方铁路运输在阿拉山口和德鲁日巴站必须进行车皮换装或换轮作业。由于基础设施建设滞后,车站换装设施不足,新亚欧大陆桥桥头堡的阿拉山口站与德鲁日巴站时常发生堵塞和延误换装现象,严重影响了双方之间的经贸合作。例如,哈国一些口岸换装能力远低于中国出口换装需求,出口商品被滞留在口岸的情况时有发生。公路技术标准不同,目前双方公路标志和标线差异较大,实施两套过境车辆监管标准。各成员国对厢式货车长度及车辆最大轴负载的限制标准也不一致。中国规定大型汽车长度为16.5米,最大轴负载不超过11.5吨,而哈、吉、塔、乌四国规定大型汽车长度为20米,最大轴负载不超过10吨。由于通关费用是以车次计取,中国汽车车型小,运输成本相对就高,从事过境运输业务的企业收益因此而受到影响。此外,中国禁止超过规定载重量的过境车辆继续前行,但大多数中亚国家在缴纳超载罚款后,准许车辆继续前行。[①]

由于各自利益所使,虽然各国政府及相关部门都表示出振兴“丝

① 参见秦放鸣、毕燕茹:《中国新疆与中亚国家区域交通运输合作》,http://euroasia.cass.cn/news/407698.htm。

绸之路”、建立亚欧大陆运输走廊的强烈愿望，但在涉及本国利益时，又将本国的利益摆在第一位。中国与中亚国家铁路运输合作从20世纪90年底初期开始，已历时近20年，但至今仍未建立起有效的亚欧第二大陆桥畅通运营的协调机制，仍未制定出统一的过境费率、海关税率等亚欧第二大陆桥畅通运营的保证条件。

另外，目前中国新疆与中亚国家交通运输合作中公路特别是铁路运输成本居高不下的问题成为重中之重。如何提高运输效率、降低运输成本，已是摆在成员国面前亟待解决的重要课题。由于成员国公路、铁路部门国有化成分高和改革的滞后性、复杂性加剧，加之垄断运营催生的腐败因素，使各国间的运输成本一直呈上升趋势。所以，采取有效措施遏止运输成本上扬，是双方区域交通运输合作应解决的又一重要课题。

(3)各国执行检验检疫国际标准的程度很低

上海合作组织各成员国在《〈上海合作组织成员国多边经贸合作纲要〉实施措施计划》出入境检验检疫领域的合作存在如下问题：其一，各成员国缺乏有关检验检疫信息的有效通报机制。虽然目前在上合组织框架下成立了技术法规、标准和合格评定程序工作组，但大多数成员国间政府相关部门未能真正建立有效通报工作机制并及时相互通报强制性认证商品目录及变化情况，相互通报有关技术规则、卫生和植物卫生措施信息等方面的内容。其二，信息不对称限制有关国家间的深入合作。目前中方有关检验检疫的信息已公开化，中亚一些国家获取中方信息相对容易；而中亚国家由于科技信息化建设相对滞后，检验检疫标准的制定和变更透明度很低，中方难以及时获取对方相关信息。加之中国对中亚国家有关技术法规、标准、合格评定程序研究不够，有关检验检疫机构俄语人才不足，这些问题都在很大程度上限制了中国对有关信息的收集和获取。其三，中亚国家检验检疫程序复杂，限制了贸易便利化。在检验单证方面，中亚各国对检验单证的要求多且重复。资料表明，就进口而言，吉尔吉斯斯坦需要单证多达13份，哈萨克斯坦需14份，乌兹别克斯坦需11份（中国需6份，德国需5份，新加坡需4份），过多的检验单证要求增加了进出口企业的检验费用。[①] 其四，中国与中亚国家有关检验检疫的标准体系不同，在检疫方法、合格评定的要求方面差异明显。总之，中国与中亚国家检验检疫合作水平低，区域内各成员国间技术标准互相认可度很低，实现贸易便利化所要求的标准一致化目标任重道远。

(4)金融合作面临一些问题

第一，中国与成员国间的本币结算业务面临诸多障碍。目前中哈边贸实行本币结算，根据对中哈边贸企业和个人的问卷调查结果显示：边贸出口企业结算币种使用意愿分别为美元84%、人民币15%、坚戈1%；边贸进口企业结算币种使用意愿则为美元75%、人民币21%、坚戈4%。95%以上中方客商缺乏对坚戈的信赖，表示不愿接受和使用坚戈。而调查的境外企业及个人中，愿意使用人民币结算的也仅占34%。可见，中哈边贸本币结算程度仍然很低，有待于进一步拓展。[②] 由于宣传力度不够，涉俄企业本币计价意识不强，极大影响了人民币计价乃至结算业务的发展。2009年黑龙江分局对全省范围内12家已开展本币结算业务的商业银行和163家涉俄企业进行了一次问卷调查，结果显示，仍有28.3%的企业根本不了解情况和相关结算工具。在议价定价能力方面的调查显示：47%的企业出口结算方式均由双方自由商定，可能使用人民币计价来签订合同；40%的银行不能有针对性地主动推广或建议使用本币计价的结算方式和工具，往往是由企业首先提出相关要求，银行被动接受。[③] 究其原因主要有以下三点：

一是成员国间的边贸结算对本币认可度低，美元结算依然占据主

---

① 参见胡颖：《新疆与中亚国家贸易便利化发展探讨》，《对外经贸实务》2011年第9期。

② 参见王新平、陈锐：《中哈金融合作与制度安排——对中哈本币结算的探讨》，《俄罗斯中亚东市场》2008年第11期。

③ 参见张远军：《中俄金融合作热点问题聚焦》，中国金融出版社2011年版，第61页。

导地位。美元等国际货币已被中亚国家、俄罗斯普遍接受和承认，人民币、卢布在与美元等国际货币的竞争中还处于弱势，在国际贸易和金融领域中的作用有限。长期以来，中亚国家与中国在汇款和现钞结算方面主要以美元进行结算，中俄贸易主体在签订贸易合同时一般也是采用美元作为计价货币，美元仍是中俄、中国与中亚国家贸易中的首选货币，少部分使用人民币、卢布和坚戈结算。根据不完全的估算，中国对俄、中亚国家的边贸结算中，美元结算仍然超过 80%的比重。同时，美元在中亚一些国家和俄罗斯国内可自由兑换，国内货币兑换点较多，居民易获取美元。哈萨克斯坦坚戈与美元等世界主要货币的兑换在数量上无任何限制，这使得哈居民不存在国际清算手段不足的情况。除了易于获取外，美元在进出口交易中的认可度也是最高的。以中国与其他成员国间的贸易为例：中国从中亚国家、俄罗斯进口的商品主要以短缺的资源型商品为主，这种商品的进口刚性需求强，出售者在交易中占据主动地位，大多只接受美元等国际货币，对人民币认可度不高；出口方面，国外客商长期以来一直使用美元进行结算，而中国企业在出口贸易中为了取得更多的订单，会尽量接受客户对结算货币的选择。由于市场对人民币、坚戈、卢布等并不认可，目前只在民间少量使用，因此开通本币结算无法产生规模效益，从而导致成员国商业银行运行成本增大和开通本币结算的动力不足。在这种情况下，即使中国的一些商业银行开通了人民币本币结算渠道，在运行成本无法得到有关方面补偿的情况下，商业银行也只能通过提高结算收费标准来弥补损失，但这种做法会造成客户资源的流失，进一步缩减人民币结算量。另外，如果人民币或坚戈、卢布现钞交易大量出现，双方银行系统收兑的现钞会形成资金占压，由于这两种货币都不是国际货币，积累的长头寸只能通过向对方国家调钞才能平衡，既有汇率风险，还要承担调钞费用，成本较高。

二是人民币与成员国结算清算渠道不畅。目前中俄、中国与中亚国家尚未建立人民币清算体系，人民币资金清算模式仍需借助美元等可自由兑换货币才能完成。一方面,目前中国与中亚五国、中国与俄罗斯的货币至今尚未形成直接的汇率形成机制,人民币与坚戈、卢布等货币未实现完全可兑换,这极大影响了中国与成员国家金融合作的便利性。中国与成员国如果使用本币结算以提高双方金融合作的便利性,需要重新开辟一条结算渠道,这势必破坏原有的利益均衡,来自各方面的阻力较大。另一方面,由于人民币、卢布、坚戈不是国际流通货币,银行会计核算系统中没有设置人民币、卢布、坚戈币种,在实际操作中银行同样是将汇入的人民币、卢布、坚戈折算成美元录入会计核算系统中。即便在会计核算系统中增加坚戈、人民币、卢布币种,在银行 SWIFT 系统中仍然无法直接清算,也只能通过美元套算进行清算。由于清算渠道不畅,双方银行没有直接解决对方国家货币敞口头寸平补的途径,导致现有的边贸资金清算模式低效率且无法在对方国家"落地"。所以,在中国对上合组织成员国本币结算业务发展到一定程度时,清算平台的搭建将成为人民币走向区域化的关键因素。

三是国内相关的政策不到位,制约了本币结算的进程。国内以人民币或坚戈、卢布核销,出口企业无法享受国家出口退税政策。人民币现钞及外币现钞出入境管理办法亟待调整。人民币作为结算货币,势必产生大量边贸本币现钞跨境收支,与中国人民银行和海关现行的管理规定相抵触。目前,办理人民币、卢布、坚戈本币结算不能在海关直接报关,也就是以人民币、卢布、坚戈等本币结算还需要以美元报关。这些政策都不利于企业利用本币进行贸易结算和商业银行推行本币结算。同时,国有商业银行对此项业务有严格规定,一定程度上限制了口岸外汇指定银行本币结算业务的发展。四是中国在成员国本币结算地域范围狭窄,限制本币结算业务的拓展。目前,中国在俄罗斯本币结算主要在俄罗斯滨海边疆区、哈巴罗夫斯克边疆区、阿穆尔州、犹太自治州的口岸银行办理。而叶卡捷琳堡、莫斯科、圣彼得堡、乌拉尔以东到布拉尔维申斯克地区,中俄间边境贸易结算量虽大,但由于没有设立开办本币结算业务的银行而不能办理本币结算,一定程度限制了本币结算业务的发展。中国和中亚国家的本币结算也主要受限于边境口，一些中心城市还没有建立起对对方货币的信任，导致人民币本币结算业务在中亚国家主要大城市没有展开。例如，中国工商银行是中国最早进入哈萨克斯坦国有商业银行，由于没有开立人民币结算账户，因而在哈国的中心城市没有人民币结算的业务。此外，中国商业银行在俄罗斯、中亚国家国家设立机构的力度不够，也在一定程度上限制了本币结算业务的快速发展。随着中国与上合组织成员国经贸合作的不断发展，中国与各成员国对金融服务也提出了更高的要求，迫切希望各国金融机构开拓各种境外本币金融业务，并在各国相互设立金融分支机构。然而，在中亚地区，只有中国的个别国有商业银行在哈萨克斯坦设立了相应的分支机构，在俄罗斯目前也仅有中国银行和中国工商银行在莫斯科设有分支机构且这些机构的业务辐射面比较狭窄。再则，与成员国银行或代理行的结算业务有待进一步拓展。例如，目前与中方银行签订本币结算账户行关系的俄方代理行主要分布在俄罗斯远东地区，数量少且地域覆盖面狭窄，严重阻碍了本币结算业务的发展。

第二，立法和监管体系不完善并存在诸多矛盾。以中俄两国为例，在人民币与卢布的交易中，中方要求公开人民币交易的客户名称，而俄罗斯认为这违反俄法律。中国在实行出口商品退税以及携带人民币进入俄罗斯境内时所征收的关税等方面，中俄双方也存在不同的立场。另外，中哈两国在监管体制方面也存在很多问题，均存在官僚主义作风盛行、办事效率低下等问题，尤其是一些中亚国家有法不依的现象极为突出。

第三，金融合作分委员会的作用没有得到充分发挥，及时沟通机制尚不健全。各国的金融合作分委员会是双边总理定期会晤机制下的专业性合作机制之一，目的是加强双边银行机构之间的信任和合作。然而，金融合作分委员会的及时沟通机制尚不完善、不健全。一方面，无论是中俄金融合作分委会还是中哈金融合作分委会，及时定期通报制度只是将本币结算进程中的相关信息进行通报，而对其背后所涉及的贸易投资及外汇管理政策并未纳入通报范围，有价值的信息沟通非常有限且时效性差，使法律法规调整的实效性及针对性受到限制。金融交流和沟通渠道的缺乏，使得成员国相互不能就边贸本币结算合作及存在的问题进行及时沟通和解决。另一方面，金融合作委员会对彼此双方缺乏约束力，一些已经达成的决议成员国银行没有贯彻执行，同样，中方也缺乏相应的约束机制；金融合作分委会尚未设置专门的机构来执行和督导金融合作委员会达成的协议，从而导致央行签订的部分双边协议在实践中未得到贯彻执行，存在高层热，基层冷，实效性差等问题。

第四，中国与成员国金融合作缺乏战略性规划。尽管中国与俄罗斯、中亚一些国家在信息沟通、政策对话、融资便利安排等方面的金融合作初见成效，但是当前的金融合作水平尚处于发展的初级阶段，相对于彼此经济合作的潜力还远远不够，合作的质量有待进一步提高。目前，中国与成员国金融合作仍停留在具体金融业务层面，金融合作的深度、广度不够，缺乏长远的战略性的规划。

第五，中国与成员国在证券保险方面的合作存在缺失。目前中方在这方面的合作仅限于2008年中国证监会与俄罗斯联邦金融市场监督总局签署的《证券期货监管合作谅解备忘录》，双方尚未有实质性的合作。保险方面的合作也仅限于中国出口信用保险公司与俄方银行签署的合作协议，双方承保的金额非常小。当然，这也为中国与成员国在证券保险方面合作留下了广阔的空间。

## 5.2 上海合作组织国家贸易便利化比较及水平测算

### 5.2.1 上海合作组织国家贸易便利化比较

目前，关于贸易便利化的定义还未统一，多家国际组织都对贸易便利化概念进行了界定。威尔逊、曼和奥萨基(Wilson, Mann and Otsuki)在其研究中就以港口效率、海关环境、规制环境以及电子商务等四个领域作为衡量测算贸易便利化的指标体系。世界经济论坛的《全球便利贸易报告》从市场准入、关境管理、交通及信息通信基础设施和商业环境等四个方面对上海合作组织国家的贸易便利化水平进行测算。为了便于全面反映上合组织的情况,本研究将用威尔逊等人和世界经济论坛的《全球便利贸易报告》中的两种分类测量方法来描述。

本部分先按照威尔逊等人对贸易便利化的测量方法对上海合作组织国家贸易便利化情况进行初步考察。所使用的数据来自世界经济论坛《2012～2013 年全球竞争力报告》。[①]

首先,从基础设施方面来看,中国的情况在上合组织国家中比较明显,主要体现在航空、公路、铁路、港口的基础建设上,均较其他国家得到显著改善,其中铁路、公路、港口排名在世界 60 位之前。从指标上看,中国移动电话在上合国家中是排名是最低的。俄罗斯的移动电话、固定电话、铁路在上合国家中表现突出,尤其是移动电话排在世界第 5 位。哈萨克斯坦铁路、移动电话都排在上合国家和世界较前的位置,而公路、航空、港口排在世界 100 位左右。在所列举的五个国家中,吉尔吉斯斯坦情况都较差,塔吉克斯坦除了铁路状况较好,其他指标和吉尔吉斯斯坦情况相差不多,详见表 5-4。

**表 5-4　　2012 年上合组织国家基础设施排名情况**

| 指标 \ 国家 | | 中国 | 俄罗斯 | 哈萨克斯坦 | 塔吉克斯坦 | 吉尔吉斯斯坦 |
|---|---|---|---|---|---|---|
| 1 | 基础设施总的情况 | 69 | 101 | 78 | 90 | 103 |
| 2 | 公路质量 | 54 | 136 | 117 | 98 | 133 |

① 乌兹别克斯坦早在 2001 年就加入上海合作组织,但由于客观原因(乌国贸易便利化改善程度差,世界经济论坛发布的报告并未将其纳入其中),缺少乌兹别克斯坦的相关数据,以下实证分析重点分析中国、俄罗斯、哈萨克斯坦、塔吉克斯坦和吉尔吉斯斯坦。

续表

| 指标＼国家 | | 中国 | 俄罗斯 | 哈萨克斯坦 | 塔吉克斯坦 | 吉尔吉斯斯坦 |
|---|---|---|---|---|---|---|
| 3 | 铁路设施质量 | 22 | 30 | 29 | 43 | 79 |
| 4 | 港口基础设施质量 | 59 | 93 | 115 | 143 | 144 |
| 5 | 航空运输基础设施质量 | 70 | 104 | 95 | 88 | 135 |
| 6 | 飞机可用座位（公里/周，百万） | 2 | 12 | 61 | 87 | 94 |
| 7 | 电力供应设施质量 | 59 | 84 | 81 | 124 | 119 |
| 8 | 移动电话用户 | 114 | 5 | 20 | 96 | 76 |

资料来源：The Global Competitiveness Report 2012-2013，World Economic Forum。

其次，从海关环境方面来看，中国和哈萨克斯坦在贸易壁垒和通关手续障碍方面较其他上合组织国家表现突出，而中国贸易关税在上合组织国家中依然是最高的。俄罗斯在贸易壁垒、通关手续、贸易关税方面均表现较差，塔吉克斯坦贸易关税在上合国家中表现最好，在世界排名67位。总体来看，上合组织国家中，贸易壁垒广泛存在，除了中国和哈萨克斯坦在通关手续方面有所改善外，其他国家通关负担均较重，贸易关税除了塔吉克斯坦有所改善外，其他国家仍有较大提升空间，可见上合组织国家海关环境的改善依然任重道远，详见表5-5。

**表5-5　　2012年上合组织国家海关环境排名情况**

| 指标＼国家 | | 中国 | 俄罗斯 | 哈萨克斯坦 | 塔吉克斯坦 | 吉尔吉斯斯坦 |
|---|---|---|---|---|---|---|
| 1 | 贸易障碍出现率 | 79 | 132 | 64 | 100 | 106 |
| 2 | 贸易关税 | 122 | 106 | 102 | 67 | 110 |
| 3 | 通关手续障碍 | 65 | 137 | 77 | 91 | 136 |

数据来源：The Global Competitiveness Report 2012-2013，World Economic Forum。

再次，从规制环境方面来看，尽管各国情况各不相同，但中国商业制度环境总体上较为突出，只是在有组织犯罪、犯罪和暴力商业成本、恐怖主义商业成本方面与其他国家接近或超过其他国家。俄罗斯除了国家信用评级明显改善外，其他显示规制环境的指标在世界排名均在 100 位以外，说明其商业制度环境较差。哈萨克斯坦除了金融市场环境在 100 位开外，其他排名均在 100 位之内，各项指标较俄罗斯有一定的改善，在中亚地区也较好，塔吉克斯坦和吉尔吉斯斯坦个别规制指标有所改善。详见表 5-6。

表 5-6　　2012 年上合组织国家规制环境排名情况

| | 指标＼国家 | 中国 | 俄罗斯 | 哈萨克斯坦 | 塔吉克斯坦 | 吉尔吉斯斯坦 |
|---|---|---|---|---|---|---|
| 1 | 知识产权保护 | 51 | 125 | 74 | 74 | 140 |
| 2 | 政治公信度 | 26 | 86 | 37 | 32 | 126 |
| 3 | 腐败 | 67 | 120 | 64 | 101 | 137 |
| 4 | 司法独立 | 66 | 122 | 94 | 64 | 140 |
| 5 | 偏袒政府官员 | 34 | 127 | 91 | 40 | 136 |
| 6 | 政府管制的负担 | 23 | 130 | 52 | 22 | 92 |
| 7 | 司法体系在争端解决方面的有效性 | 44 | 124 | 67 | 53 | 136 |
| 8 | 质询规则时法律框架的效率 | 53 | 127 | 76 | 43 | 136 |
| 9 | 政府政策制定的透明度 | 51 | 124 | 32 | 68 | 87 |
| 10 | 政府服务提高商业效率 | 32 | 110 | 13 | 23 | 122 |
| 11 | 审计和报告标准 | 72 | 123 | 74 | 125 | 129 |
| 12 | 国家信用评级 | 22 | 39 | 57 | 134 | 115 |
| 13 | 市场控制程度 | 23 | 107 | 83 | 54 | 129 |
| 14 | 反垄断政策有效性 | 54 | 124 | 95 | 85 | 139 |
| 15 | 本地市场融资 | 46 | 100 | 109 | 88 | 139 |

续表

| 指标＼国家 | | 中国 | 俄罗斯 | 哈萨克斯坦 | 塔吉克斯坦 | 吉尔吉斯斯坦 |
|---|---|---|---|---|---|---|
| 16 | 银行的健全性 | 71 | 132 | 120 | 100 | 131 |
| 17 | 证券交易的监管 | 58 | 114 | 100 | 123 | 134 |
| 18 | 恐怖主义商业成本 | 102 | 118 | 70 | 109 | 96 |
| 19 | 犯罪和暴力商业成本 | 70 | 90 | 63 | 75 | 82 |
| 20 | 有组织犯罪 | 98 | 114 | 85 | 83 | 105 |

资料来源：The Global Competitiveness Report 2012-2013，World Economic Forum。

最后，从电子商务方面来看，中国的情况总体好于其他国家，不过中国电子商务在新技术的应用和网络宽带方面排名较后。俄罗斯、哈萨克斯坦在网络宽带、个人使用互联网方面好于其他上合国家，而吉尔吉斯斯坦和塔吉克斯坦在此方面的情况不容乐观，详见表5-7。对电子商务的考察，除了网络本身的服务外，相应的配套条件如金融服务、物流服务也很重要。

**表5-7　　2012年上合组织国家电子商务排名情况**

| 指标＼国家 | | 中国 | 俄罗斯 | 哈萨克斯坦 | 塔吉克斯坦 | 吉尔吉斯斯坦 |
|---|---|---|---|---|---|---|
| 1 | 最新技术应用 | 107 | 129 | 90 | 84 | 136 |
| 2 | 企业级别的技术吸收情况 | 71 | 141 | 91 | 95 | 136 |
| 3 | 个人使用互联网 | 73 | 57 | 62 | 111 | 97 |
| 4 | 宽带互联网的应用 | 49 | 47 | 67 | 123 | 111 |
| 5 | 网络宽带 | 119 | 44 | 53 | 137 | 135 |
| 6 | 移动宽带 | 69 | 17 | 27 | 114 | 86 |
| 7 | 本地供应商数量 | 28 | 121 | 120 | 88 | 109 |
| 8 | 本地供应商质量 | 66 | 122 | 90 | 75 | 107 |
| 9 | 价值链广度 | 49 | 129 | 111 | 77 | 137 |
| 10 | 市场营销的范围 | 52 | 109 | 84 | 92 | 91 |

资料来源：The Global Competitiveness Report 2012-2013，World Economic Forum。

### 5.2.2 贸易便利化水平测算

本研究借鉴世界经济论坛的《全球便利贸易报告》，从市场准入、关境管理、交通及信息通信基础设施和商业环境等四个方面对上海合作组织国家的贸易便利化水平进行测算，具体情况详见表5-8。其中，市场准入主要包括国内和国际市场准入，如关税和非关税措施。关境管理包括海关管理的效率、进出口手续的效率、关境管理的透明度。交通及通信基础设施包括运输基础设施的可用性和质量、运输服务的可用性和质量、信息通信技术的可用性和使用。商业环境包括监管环境和实体安全。其中，监管环境包括产权、道德和腐败、政府的效率、金融市场的效率、外商参与的开放度、贸易融资的可获得性等；实体安全包括警察服务的可靠性、犯罪和暴力、恐怖主义的商业成本。

表5-8 2012年上合组织国家贸易便利整体指标对比情况

| 指标＼国家 | 中国 | | 俄罗斯 | | 哈萨克斯坦 | | 塔吉克斯坦 | | 吉尔吉斯斯坦 | |
|---|---|---|---|---|---|---|---|---|---|---|
| | 排名 | 得分 | 排名 | 得分 | 排名 | 得分 | 排名 | 得分 | 排名 | 得分 |
| 1. 市场准入 | 108 | 3.6 | 129 | 2.9 | 120 | 3.2 | 100 | 3.7 | 39 | 4.4 |
| 国内和国际市场准入 | 108 | 3.6 | 129 | 2.9 | 120 | 3.2 | 100 | 3.7 | 39 | 4.4 |
| 2. 关境管理 | 45 | 4.4 | 111 | 3 | 127 | 2.6 | 128 | 2.5 | 125 | 2.6 |
| 海关管理的效率 | 45 | 4.5 | 89 | 3.7 | 107 | 3.1 | 114 | 3 | 82 | 3.8 |
| 进出口手续的效率 | 37 | 5.2 | 114 | 2.9 | 130 | 1.6 | 131 | 1.6 | 127 | 1.9 |
| 关境管理的透明度 | 59 | 3.6 | 113 | 2.5 | 76 | 3.1 | 93 | 2.9 | 127 | 2.3 |
| 3. 交通及通信基础设施 | 48 | 4.3 | 51 | 4.2 | 45 | 4.3 | 92 | 3.4 | 98 | 3.3 |
| 运输基础设施的可用性和质量 | 53 | 4.5 | 56 | 4.5 | 48 | 4.7 | 68 | 4.2 | 81 | 3.8 |
| 运输服务的可用性和质量 | 21 | 4.7 | 72 | 3.6 | 57 | 3.8 | 90 | 3.4 | 110 | 3 |

续表

| 国家<br>指标 | 中国 | | 俄罗斯 | | 哈萨克斯坦 | | 塔吉克斯坦 | | 吉尔吉斯斯坦 | |
|---|---|---|---|---|---|---|---|---|---|---|
| | 排名 | 得分 | 排名 | 得分 | 排名 | 得分 | 排名 | 得分 | 排名 | 得分 |
| 信息通信技术的可用性和使用 | 72 | 3.6 | 42 | 4.6 | 47 | 4.4 | 101 | 2.7 | 91 | 3.1 |
| 4.商业环境 | 45 | 4.6 | 113 | 3.5 | 89 | 3.9 | 72 | 4.2 | 116 | 3.4 |
| (1)监管环境 | 38 | 4.3 | 117 | 3.1 | 99 | 3.4 | 78 | 3.6 | 127 | 2.7 |
| 产权 | 40 | 4.7 | 121 | 2.7 | 101 | 3.3 | 82 | 3.6 | 130 | 2.3 |
| 道德和腐败 | 40 | 4 | 100 | 2.7 | 68 | 3.2 | 50 | 3.6 | 127 | 2.1 |
| 政府的效率 | 34 | 4.2 | 110 | 2.9 | 66 | 3.6 | 42 | 4 | 107 | 3 |
| 国内竞争 | 53 | 4.3 | 113 | 3.7 | 71 | 4.2 | 116 | 3.7 | 111 | 3.8 |
| 金融市场的效率 | 40 | 4 | 103 | 3 | 105 | 3 | 93 | 3.2 | 126 | 2.4 |
| 外商参与的开放度 | 15 | 5.2 | 114 | 3.9 | 102 | 4.2 | 116 | 2.9 | 115 | 3.9 |
| 贸易融资的可获得性 | 50 | 4.1 | 111 | 3.1 | 95 | 3.2 | 96 | 3.2 | 132 | 2.3 |
| (2)实体安全 | 62 | 4.9 | 107 | 3.8 | 88 | 4.4 | 70 | 4.8 | 95 | 4.2 |
| 警察服务的可靠性 | 50 | 4.6 | 122 | 2.6 | 103 | 3.3 | 69 | 4.1 | 118 | 2.8 |
| 犯罪和暴力的商业成本 | 53 | 5.1 | 93 | 4.2 | 84 | 4.5 | 54 | 5.1 | 75 | 4.6 |
| 恐怖主义的商业成本 | 85 | 5.2 | 106 | 4.7 | 75 | 5.4 | 79 | 5.4 | 86 | 5.2 |

资料来源：根据GETR2012数据整理。

本研究首先分别对各国市场准入、关境管理、交通及通信基础设施和商业环境等各个指标的数据进行加总并求简单平均，再用各国的数据除以该算术平均值，从而得到上海合作组织成员国的各个指数指标。其计算公式为：

$$\overline{II}_i = II_i / (\sum_{i=1}^{5} II/5)$$

其中，$II_i$ 表示上海合作组织国家中第 $i$ 国的指数指标，而 $i$ 取值范围为 $i=1,2,\cdots,5$（乌兹别克斯坦数据可得性差，略去）。

根据这一公式，可以将上海合作组织各国上述四个综合性指标全部指数化。如果一国的指数指标等于1，说明该国的这一指标处于上合组织国家中的平均水平；如果大于1，说明该国的这一指标在上合组织国家范围内处于领先水平；如果小于1，说明该国的这一指标在上合组织国家范围内处于平均水平以下。上海合作组织国家贸易投资便利化指数指标计算结果，详见表5-9。

**表5-9　上海合作组织国家贸易便利化指数指标体系**

| 项目<br>国家 | 市场准入 | 关境管理 | 交通及信息通信基础设施 | 商业环境 |
|---|---|---|---|---|
| 中国 | 1.01 | 1.46 | 1.10 | 1.17 |
| 俄罗斯 | 0.81 | 0.99 | 1.08 | 0.89 |
| 哈萨克斯坦 | 0.90 | 0.86 | 1.10 | 0.99 |
| 塔吉克斯坦 | 1.04 | 0.83 | 0.87 | 1.07 |
| 吉尔吉斯斯坦 | 1.24 | 0.86 | 0.85 | 0.87 |

资料来源：本表根据GETR 2012数据计算所得。

通过上述计算，我们得到了上海合作组织国家在市场准入、关境管理、交通及通信基础设施和商业环境四个方面贸易便利化的基本情况。从表5-10中可以看到，中国在四个方面的指标均高于平均水平，尤其是以海关管理效率和透明度、进出口手续效率为主要内容的关境管理效率得到显著改善。俄罗斯、哈萨克斯坦交通及信息通信基础设施改善高于平均水平，而其他几项指标均低于上合国家的平均水平。吉尔吉斯斯坦除了市场准入高于平均水平，其他指标均低于平均水平；塔吉克斯坦在市场准入和商业环境方面高于平均水平，但在交通及信息通信基础设施和关境管理方面都低于平均水平。

上述上海合作组织国家贸易便利化指数指标体系尽管能够了解四个方面贸易便利化的基本情况，但是无法全面地反映上合组织国家贸易便利化总体发展水平和相对位置。由于市场准入、关境管理、交通及通信基础设施和商业环境的作用不能简单画等号，因此有必要考虑对上述贸易便利化四大指标体系赋予权重。鉴于贸易便利化的最终功能是降低交易费用并提高国际贸易流，一个简单而合理的做法是以贸易便利化四大类指标体系对提高贸易流量的作用大小决定其各自权重。事实上，威尔逊、曼和奥萨基早在2003年就在引力模型的基础上测算了APEC成员方通过贸易便利化对内部贸易流量产生的影响。该研究显示，1%的关税或贸易便利化指标的变化，对贸易流量产生的影响(总影响为100%)分别是：1%的关税变化产生的贸易流量变化为9.9%、港口效率为55.5%、海关环境为5.6%、规制环境为20.7%、电子商务为8.3%。根据这一结果，本研究对威尔逊的港口效率、海关环境、规制环境和电子商务等权重比例重新划分归类，分别赋予的权重为交通及信息通信基础设施60%，关境管理10%，商业环境20%，市场准入10%。最终得到上海合作组织国家加权贸易便利化指数，详见表5-10。

**表5-10　上海合作组织国家加权贸易便利化指数(TFI)(1)**

| 国家 | 中国 | 俄罗斯 | 哈萨克斯坦 | 塔吉克斯坦 | 吉尔吉斯斯坦 |
|---|---|---|---|---|---|
| TFI | 1.14 | 1.01 | 1.04 | 0.92 | 0.89 |

资料来源：根据GETR 2012数据计算所得。

如果改变权重，分别赋予的权重为交通及信息通信基础设施60%，关境管理15%，商业环境15%，市场准入10%。最终得到贸易加权的上海合作组织国家加权贸易便利化指数与上述分析趋势相同①，详见表5-11。

① 我们经过多次权重试验发现，运用简单加权平均的方法，上述贸易便利化综合排名仍无变化，因此可以排除权重赋值导致指标出现重大误差的可能性。

表 5-11　上海合作组织国家加权贸易便利化指数(TFI)(2)

| 国家 | 中国 | 俄罗斯 | 哈萨克斯坦 | 塔吉克斯坦 | 吉尔吉斯斯坦 |
| --- | --- | --- | --- | --- | --- |
| TFI | 1.14 | 1.01 | 1.04 | 0.92 | 0.89 |

资料来源:根据 GETR2012 数据计算所得。

根据上述上海合作组织国家加权贸易便利化指数,中国在贸易便利化方面的排名最高,哈萨克斯坦贸易便利化水平得到显著改善,在中亚国家中程度较高,总体水平也超过俄罗斯,而塔吉克斯坦和吉尔吉斯斯坦相比其他国家较差。中国在上合组织国家的贸易便利化水平最高,得益于关境管理、交通及通信基础设施和商业环境三个方面指标体系均处于领先水平,市场准入处于平均水平,尤其是关境管理水平最高,说明中国的通关效率水平最高,这与近年来我国交通及通信基础设施方面的改善密切相关。值得一提的是,哈萨克斯坦由于在交通及信息通信基础设施效率、商业环境方面的显著改善,贸易便利化水平得到较大程度的提高且高于平均水平,但哈国的通关效率需要加大改进力度。而俄罗斯总体贸易便利化水平处于平均水平,主要是受市场准入和商业环境等软性环境改善不力的拖累,在一定程度上影响了关境管理和交通通信基础设施改善效率的发挥。塔吉克斯坦和吉尔吉斯斯坦总体贸易便利化水平都低于平均水平,其中吉尔吉斯斯坦除了市场准入改善外,其他指标处于落后状态,且落后水平比较明显,特别是交通及信息通信基础设施、商业环境均处于上海合作组织国家内最低水平。塔吉克斯坦在交通及信息通信基础设施、关境管理等方面均处于显著落后状态。塔吉克斯坦和吉尔吉斯斯坦在基础设施方面的投入相对落后,尤其是硬件配套不足已成为制约其贸易便利化发展的瓶颈。总之,上海合作组织成员国除了应加强硬件基础设施发展外,相对落后的国内规制和海关效率等软件方面提升是贸易便利化改革的主要方向之一,这就需要继续加强国内政策法规改革,从总体上提高各成员国的贸易便利化水平。由于上述因素影响,2012 年,上海合作组织国家的贸易便利化水平除了中国进入世界排名50位外,其他国家的贸易便利化在世界的排名均在100名之外。

## 5.3 推进贸易便利化的现状及措施

上海合作组织国家要推进贸易和投资的便利化,实现在组织框架内的货畅其流,就必须消除通关口岸、检验检疫、统一标准、交通运输等环节的非关税壁垒。上海合作组织自成立以来,非常重视成员国之间贸易便利化的发展。目前,上海合作组织启动了贸易和投资便利化进程,各成员方对贸易和投资便利化的好处有了充分的认识,确定在海关通关、质检、电子商务、投资促进等优先领域启动便利化进程。2004年以来,各成员国在海关、边境口岸合作、过境运输和标准一致化等方面作出了不懈的努力。

### 5.3.1 成员国加强海关现代化建设及合作

(1)中国海关立法建设和现代化管理

为了推进贸易便利化,中国修改了《海关法》,不断加强海关法律法规制度建设。经过20多年海关法律制度建设,海关法律体系逐步建立完善,并通过完善配套的行政法规、规章和其他规范性文件,为海关各项执法提供具体依据,初步建立了海关法律体系框架,确立了以《海关法》为核心的实体法、程序法、责任法和救济法相结合的海关法律体系,为推进贸易便利化提供了制度保障。不仅如此,中国还通过海关管理的现代化逐步推进贸易便利化。推行区域通关、无纸通关、新型保税监管体系等多项业务改革,实行了多项便捷通关措施,比如提前申报、货到验放、属地申报、口岸验放、集中申报、选择查验及7×24小时预约通关等。同时,中国海关运用现代信息技术提高海关管理效率，目前已形成电子海关、电子总署、电子口岸的全方位应用架构。[①] 例如，作为中国连接中亚国家前沿阵地的乌鲁木齐海关，采取了一系列措施来提升通关便利化水平。陆续实行新通关模式，采取便捷通关政策，单证流转向"电子化""一站式"方向转变。新疆从2004年起率先启动了以"电子口岸"为核心的口岸信息化建设，大大降低外贸企业通关成本，在主要口岸试点"大通关"制度，全面改革作业流程，简化手续，提高了口岸的通关效率。乌鲁木齐海关采用了区域通关模式"属地申报、口岸验放"，便利国内商品对中亚地区的商品出口。同时，乌市海关采取分类管理、大宗商品的进出口实施"F通道"，特色农副产品出口采用"绿色通道"的通关便利措施。

(2)俄罗斯和中亚国家海关立法及管理建设

2004年俄罗斯出台新《海关法典》。通过引入全新的立法理念，使俄罗斯的海关系统成为一个集监管和对外贸易促进为一体，为对外经济活动经营者提供服务的机构，同时还引进了新的法规内容。新海关法典简化了通观手续，为各级海关机构加强监管规定统一的规范标准，在一定程度上改变了现行海关立法和执法的不足。此外，针对俄海关工作中存在的低报、瞒报以及劣质商品进入市场的问题，2005年12月，俄政府通过了《俄联邦海关发展构想》，该构想提出以新思路审视海关管理，增加海关对经济生活的调控作用和影响力。为此，通过不断修改完善法律使俄罗斯法律与执法实践与WTO规则相符合，并加强了对官僚主义和腐败现象的遏制力度。在海关信息化建设方面，2008年5月，在海关清关和申报中引入了电子程序系统，开始实现远程放行技术。在电子技术的帮助下，在关税事务的透明度水平和关税规则和程序信息的电子公布方面都有了改善，同时，边境的平均清关时间也大为减少。

中亚国家独立后，通过不断修改海关相关法律，基本上建立了相

---

① 参见柴瑜：《金砖国家贸易便利化：发展与合作》，《中国金融》2011年第5期。

对完善的海关法律体系。2000年以来，中亚国家为了加快一体化进程，提高海关便利化建设，将WTO相关规则作为自己的立法准则，继续完善海关法律制度。2003年哈萨克斯坦研究制定了新的《海关事务法》和《关税法》。《关税法》中规定，海关估价应该以进口产品实际交易价格为基础并与WTO《海关估价协议》相一致。同时，不断加快海关便利化建设，减少海关的通关手续，增强关税核算数据和报关的准确性，提高通关效率，中亚各国则通过海关信息化建设，来提高通关效率和减少腐败。2004年，哈开始建立电子海关系统，加强本国海关信息化建设，该系统中采用了与WTO相适应的海关估价方法，为实现关税税率系统化，保障其与WTO规则的一致性，哈萨克斯坦政府批准了新的《哈萨克斯坦关税税则》，规定所有进口商品都统一按照该规则确定进口关税税率明细表并缴纳进口关税。吉尔吉斯斯坦和塔吉克斯坦从2004年起改革各自的海关代码制度，使区域内海关程序简化有了实质性进展。

(3)上合组织各国海关合作方面的措施

上海合作组织的海关合作包括的内容非常广泛，不仅包括成员国海关对贸易便利化的促进，简化海关手续的合作，提高通关效率，促进海关互助，增强区域内海关信息交流和保护知识产权等，还包括保障组织内各国的经济和社会安全，打击“三股势力”以及跨国贩卖军火、贩毒和走私等非传统安全领域的海关合作。随着上海合作组织区域经济合作的深入发展，各成员国海关开展的双边及多边合作取得了实质性成果，在促进贸易便利化、简化贸易手续、提高贸易效率、打击跨国走私方面发挥了越来越重要的作用。上海合作组织成员国通过签订双边海关协定，希望通过海关事务合作，便利双边人员和货物往来，简化双边海关手续，增强彼此的信息交流和共同防止、调查、惩处海关违法行为。

①中哈海关合作

中国和哈萨克斯坦早在1997年就签署了《中国和哈萨克斯坦海

关互助与合作协定》,2000 年又签署了相互承认海关单证封志和统计方法及信息合作的议定书。这两份协定使得中哈海关合作已由简单的友好往来朝着平等互利和深度合作的方向发展。乌鲁木齐海关是中国与哈萨克斯坦海关开展合作的主要海关。目前,乌鲁木齐海关与哈萨克斯坦海关开展了进出口商品和人员监管及手续办理、统计数据信息交换、互换海关单证和标识、中哈原油管道监管、中哈霍尔果斯国际合作中心等双边合作。中哈农业的互补性很强,目前双方在农业领域的合作日益密切,中哈农产品贸易量不断有新的突破。双方协商建立了两国蔬菜、农副产品快速通关绿色通道,对上述货物快速验放,为扩大两国农产品贸易创造了便利条件。中哈边境海关合作机制建立10 年来,中哈两国边境贸易迅猛发展,带动了阿拉山口、霍尔果斯等5 个口岸快速发展。例如,在霍尔果斯口岸,得益于海关合作机制,霍尔果斯海关实行每天 12 小时通关工作制,为两国外贸企业提供优质便捷的服务,催生了一批企业的发展壮大。管道能源运输给各企业注入了新的活力,为此,中哈海关通过了对管输原油和天然气联合监管的实施规则。此外,2008 年中国海关与哈萨克斯坦海关在新疆的都拉塔口岸启动了联合监管作业试点,双方海关启用统一的《载货清单》,提高了通关效率。

②中俄海关合作

1994 年中俄签署了《中国和俄罗斯海关互助与合作协定》,1996 年签署了《中国和俄罗斯海关互助与合作协定执行备忘录》。2009 年《中华人民共和国海关总署和俄罗斯联邦海关署关于规范通关监管秩序的合作备忘录》的签署标志着中俄海关合作的进一步加强。中俄海关大力加强了对进出关境货物信息的预先互换,包括互换报关企业目录并通报变动情况、加强海关执法互助和加大海关贸易统计合作力度等措施。中俄通关环境的改善大大提高了通关效率,促进了中俄贸易的发展。

③中吉、中乌海关合作

早在1996年中国海关总署和吉尔吉斯斯坦政府海关总局就签订了互助与合作协议，在协议宗旨中首要明确通过两国海关间的合作促进和便利旅客及货物在两国间的往来，并于2004年签署中吉对外贸易统计数据交换议定书。中国和乌兹别克斯坦于2005年签署了《海关事务的互助协定》。2000年以来，双方多次加强海关署级合作沟通，通过边境海关情报信息交流和定期会晤机制等举措，在一定程度上便利了通关环境。

④上海合作组织各成员国的多边合作

2002年成立的上海合作组织成员国经贸部长会议机制下辖海关工作组，这是上海合作组织海关多边合作的唯一执行机构，主要负责解决海关合作、跨国运输等问题，实现商品、资本、技术和服务的自由流通，逐步走向区域经济的一体化，为实现经贸和投资便利化创造条件，全面负责区域内的海关事务，完善区域一体化的基础设施。2003年9月，上海合作组织成员国总理第二次会晤批准的《上海合作组织成员国多边经贸合作纲要》和2004年通过的《〈上海合作组织成员国多边经贸合作纲要〉落实措施计划》是对海关合作长期起作用的指导性文件。由于上合组织成员国经济发展水平相差较大，多边性的海关合作一直停滞不前，也在一定程度上影响了海关的正常秩序，同时"灰色清关"这一历史遗留问题为成员国间的贸易合作增添了许多不确定性，所以上合组织决心整顿海关以促进组织内贸易发展。为此，2007年11月上海合作组织第六次总理会晤签署了《上海合作组织成员国政府海关合作与互助协定》，这次会议责成海关工作组继续为统一通关、办理行政和运输手续，以及相互承认海关单证创造条件。这个协定的签订为深化多边海关合作奠定了良好的制度基础。

### 5.3.2 区域内道路交通设施建设步伐加快

交通领域是上海合作组织各成员国推进贸易与投资便利化以及

加强跨境运输的重要方面。交通部长会议机制是建立上海合作组织框架内交通合作的高层沟通机制。该机制于2002年由吉尔吉斯斯坦和中国倡议建立。迄今为止，共举行了5次会议。2002年11月上海合作组织交通部长首次会议在吉尔吉斯斯坦首都比什凯克举行。会议同意将首先在过境运输领域加大合作力度，有效使用交通运输领域内现有基础设施、完善成员国的过境潜力作为本组织现阶段区域合作交通领域的重要任务。这次会议也启动了上合组织交通部长会议机制，明确了该机制应保证组织和协调各种形式的合作，包括建立便利交通运输条件、推动经济技术合作等。2003年9月，第二次交通部长会议在俄罗斯圣彼得堡举行。这次会议制定了多边公路运输协定及各成员国加入《欧洲综合运输重要干线协定》，进一步完善和发展成员国间现有的公路运输线，如发展国际公路运输线路E-40的问题和完善发展塔什干—安集延—奥什—萨雷塔什—伊尔克什坦—卡什路线的公路。2004年11月，在塔吉克斯坦举行第三次部长会议旨在建立和完善上海合作组织区域内交通运输走廊，建议在交通部长会议框架内建立经常性的发展交通走廊工作组和处理有关问题的工作组；呼吁各成员国在各国领土内执行《亚洲公路网政府间协议》；各成员国一致同意在2005年上半年制定完成《为国际公路运输创造有利条件政府间协议》草案；会议要求积极落实2004年9月总理理事会议批准的《上海合作组织成员国多边经贸合作纲要》有关交通领域的合作项目。2006年9月15日，上海合作组织成员国第五次总理会议签署了《关于加快制订〈上海合作组织成员国政府间国际道路运输便利化协定〉（草案）的谅解备忘录》。谅解备忘录的签署标志着《上海合作组织成员国政府间国际道路运输便利化协定》的商谈工作已取得重要的阶段性成果，是上合组织成员国交通运输领域合作的重大进展，为下一步正式签署协定打下了坚实基础。

2009年，第四次上海合作组织交通部长会议在北京召开。会议的议题是“推进互联互通，实现便利运输”。其主要内容为：一是落实上合组织成员国第八次总理会议各国总理达成的有关"采取必要措施，有效利用成员国现有过境运输潜力，进一步完善交通基础设施，加强交通运输合作的法律基础"的共识。二是制定上合组织成员国公路协调发展规划，确定新的公路基础设施示范项目，加强上合组织成员国交通领域人员培训和经验交流，共同消除国际道路运输领域现存障碍，尽快完成《上海合作组织成员国政府间国际道路运输便利化协定》草案相关附件的制定与签署工作，加强民航、铁道领域合作以及就与观察员国交通领域合作等问题进行了深入探讨并达成广泛共识。2011年，在莫斯科召开的上海合作组织成员国交通部长第五次会议，重申高度重视落实上合组织成员国元首2010年峰会和2011年峰会以及成员国政府首脑2010年会议提出的目标和任务，并一致同意继续加强交通领域的互利合作，扩大铁路和航空运输合作，完善交通基础设施网络，开展人员交流与培训，吸引观察员国和对话伙伴国参与上合组织交通领域合作。会议呼吁各方加快制定《上海合作组织成员国政府间国际道路运输便利化协定(草案)》(简称《协定》)的工作进程，尽快完成《协定》的制定和签署工作；提出各方应本着相互理解、互利互助的精神，按照先易后难的原则，先把已经具备国际运输条件的道路连接起来，形成本组织初步的道路运输网络，以实现各国之间互联互通、共同发展的目标。[①]

总之，上海合作组织通过各种会晤机制，在交通合作领域取得了大量富有建设性的成果，但从实际执行情况看，实质性的进展缓慢。尽管各成员国一再强调建立统一的各项标准和同行惯例，可至今未形成完善的各项指标和条例。如在上海合作组织框架下成立了专门负责交通事务的协调工作组，但是具体的工作未能有效开展。究其原因主要有以下两点：一是上海合作组织成员国实力差距悬殊，国家利益

① 参见《冯正霖率代表团出席上海合作组织成员国交通部长第五次会议》，http://www.chnrailway.com/news/2009-11-12/.

分歧大，内部向心力不足而外部吸引力不小。尤其是美国一直把中亚看做其走向东方的踏板和基地，试图建立连接中亚和南亚的交通走廊，而欧洲国家则试图实现中亚同东欧各国的运输网络化和一体化，这都直接影响着中亚各国交通的整体建设和对外延伸。二是上海合作组织的区域合作面临资金不足的瓶颈，导致外部合作的基础薄弱，所以中亚各国需要外部援助。[①]

近年来中国、俄罗斯和中亚国家都加快了道路基础设施建设，提高了区域内的交通便利程度。中国中央和新疆地方两级政府加快了国际运输通道的建设，目前初步形成了以乌鲁木齐市为中心，以南北疆中心城市和边境口岸为依托，向周边及中亚国家辐射的多层次、全方位的过境运输网络。“十一五”期间，中国中央政府和中国新疆地方财政共同投资23亿元，改进了中国与俄罗斯、哈萨克斯坦、吉尔吉斯斯坦相连的802公里口岸公路。

中亚国家也在加速投资修建、修复国际运输基础设施。哈萨克斯坦将交通运输网和运输能力建设作为该国经济发展的优先方面。哈萨克斯坦政府制定了未来10年交通运输方面的任务：其一，积极推行加快对外运输的政策，使本国交通运输业与世界交通运输业实现一体化。为此必须与其他国家就分配货源方面达成互利的协议，使运费能保证各方面的利益，从长期来看必须建立协会和合资运输企业。其二，石油和天然气出口和过境运输是哈国交通运输的最重要的方面之一，为此哈国提出了分阶段建设供石油、天然气出口使用的油气管道项目政策。其三，制定鼓励过境运输的政策。其四，发展过境运输业和与之相关的服务业基础设施建设，要求沿铁路线发展加工业和配套的服务业[②]。哈国不仅制定了加速交通运输合作的长远发展规划，而

① 参见李进峰、吴宏伟：《上海合作组织发展报告：上海合作组织睦邻友好年专辑(2012)》，社会科学文献出版社2012年版，第122页。

② 参见李进峰、吴宏伟：《上海合作组织发展报告：上海合作组织睦邻友好年专辑(2012)》，社会科学文献出版社2012年版，第120页。

且还于2004年启动了连接中国与欧洲的新铁路“泛欧亚铁路”的方案，修建连接中国和伊朗的准轨铁路，该铁路全长8000多公里，在哈境内长约3083公里。它将把中国的准轨铁路系统和伊朗、土耳其以及欧洲的准轨铁路系统连接起来，实现亚欧第二大陆桥全线无换装和无任何阻碍的运输。哈萨克斯坦在建的霍尔果斯—萨雷奥杰克铁路，全长235公里，运输能力为560万吨，与中国新疆境内的精伊霍铁路贯通运营。该条铁路成为阿拉山口铁路之后第二条中哈国际铁路通道，它的建成将大大缓解阿拉山口的过货压力。此外，乌兹别克斯坦与吉尔吉斯和中国合作拟建设一条新的铁路干线安集延（乌境内）—奥什（吉境内）—喀什（中国），它的建成也将大大缩短乌鲁木齐至吉尔吉斯斯坦、乌兹别克斯坦和土库曼斯坦的运输时间。

2008年俄罗斯批准的《俄联邦至2030年交通发展战略》将在铁路、公路等领域发挥俄罗斯欧亚运输走廊的地理优势，为开展国际运输合作制定对外合作优先方向。在内河水运领域，建立中亚、南亚和哈萨克斯坦等国家与欧洲国家的统一货物内河水运系统。利用俄罗斯领空为第三国航空公司实施跨西伯利亚，跨极地，连接欧洲与东南亚、北美与东南亚的跨境运输提供服务。加强区域运输合作，主要包括南部在黑海经济合作组织框架内开展运输合作，东部在上海合作组织和亚太经合组织框架内开展运输合作等。

另外，在公路建设方面，2011年的上海合作组织第五次会议强调继续推进以下几条公路的同步建设：E-40国际公路的伏尔加格勒—阿斯特拉罕—阿德劳—别伊涅乌—昆格勒和阿克套—别伊涅乌—昆格勒公路，安集延—奥什—萨雷塔什—伊尔克什坦—喀什公路，布拉茨特沃—杜尚别—吉尔葛塔尔—卡拉梅克—伊尔克什坦—喀什公路。吉尔吉斯斯坦2007年开始修复比什凯克—土尔尕特公路，而在建的中吉乌公路和E-40公路将从新疆开始，连接中亚，穿越俄、哈、乌、吉四国。

能源管道运输也一直是上海合作组织成员国推进贸易和投资便

利化的重要方面。2011 年初，中俄原油管道正式运行。2011 年 9 月，中国—中亚天然气管道建成通气，之后中哈天然气管道南线工程正式开始施工，预计 2013 年与中国—中亚天然气管道相连通气。2011 年 12 月，中国—中亚天然气管道乌兹别克斯坦国段开工，预计 2013 年底建成。

### 5.3.3 成员国促进标准一致化及合作

检验检疫制度法规及相关实施措施是上合组织实现贸易便利化的主要因素之一。为促进贸易投资便利化，各成员国在立法、标准、管理模式方面进行了一系列改革，同时，加强了检验检疫的双边与多边合作。

自加入 WTO 以来，中国对国内技术法规、技术标准、检验模式和管理模式等内容作出了一系列的修改与改革，并在检验检疫立法与执法上取得了较大成绩。如中国政府将以往涉及多个政府部门检验检疫行政管理职责统一划归国家质量监督及检疫检验总局，在对外开放口岸设立垂直管理的出入境检验检疫机构，在省市设立垂直管理的质量技术监督机构。先后制定了《国境卫生检疫法》《进出口商品检疫法》《进出境动物检疫法》及相关实施条例。同时，自 2002 年以来，中国政府在检验检疫系统内积极推行信息化建设和电子申报、转单、通关工程，建立关检协调机制，实施绿色通道制度，加快口岸现场国内信息化合作，加强队伍建设并加强对出口商品质量监督管理。

中亚各国在检验检疫方面也实行了一系列改革包括：首先，进一步修改国内技术法规，促进贸易自由化。2005 年吉尔吉斯斯坦政府通过决议，修改其技术规则，将需要强制合格认证的进口商品数量由 7000 多种减至 2000 种，并减少了相关管理机构。其次，逐步使国内技术标准与国际标准相一致。哈萨克斯坦、土库曼斯坦、乌克兰、俄罗斯等国家相继颁布实施了《标准化法》《标准化与认证法》和《关于确保计量一致性的法律》。在标准和一致化领域，到 2010 年，俄罗斯基本上完成制定了41个领域优先规则。目前大约60%的产品需要进行一致性声明,40%的产品需要进行一致性认证。[①]

同时,各成员国加强检验检疫合作。2001年以来,中国与中亚国家签订了双边条约和协定。例如,2004年5月,中国与哈萨克斯坦签订了《中哈两国政府关于动物检疫及动物卫生的合作协定》和《中哈两国政府关于植物保护和检疫合作协定》,这为双方农畜产品贸易的深入开展奠定了制度性基础。1993年4月,双方签署了《中国国家技术管理监督局与哈萨克内阁标准计量总局合作备忘录》、1996年和2006年分别签订了《关于保证进出口商品质量安全和相互认证的合作协定》和《中哈关于在进出口商品监管和安全领域合作解备忘录》,为中哈在计量及标准管理机构方面加强合作奠定了基础。在各成员国双边检验检疫合作不断加强的基础上,上合组织框架内针对检验检疫方面的多边合作达成共识,在2004年9月上合组织第三次总理会晤上签署的《〈上海合作组织成员国多边经贸合作纲要〉实施措施计划》中,有关出入境检验检疫的合作方面涉及11项内容,为上合组织成员国在质检领域的合作确定了合作的具体内容、努力方向、长远目标和时间安排,它是各成员国开展检验检疫合作框架性文件和制度保障。同时,上合组织技术法规、标准和合格评定程序工作组(又称质检工作组)的成立,也为加强各成员国在技术法规、标准和合格评定领域的交流,促进深层次合作,保障贸易的顺利开展起到了积极的作用。截至目前,质检工作组已经成功地召开了5次会议。

### 5.3.4 成员国强化金融领域合作

金融领域合作是上海合作组织推进贸易投资便利化的重要方面。随着对外经贸事业的快速发展,上海合组组织各成员国双边乃至多边金融合作的广度和深度都在提高。

---

① 参见柴瑜:《金砖国家贸易贸易便利化:发展与合作》,《中国金融》2011年第5期。

(1)加速推进区域内本币结算

早在2005年12月,中国人民银行与哈萨克斯坦中央银行就签署了双边本币结算协议,允许双方货币用于边贸结算,同时两国商业银行积极签署合作协议书,推进两国边贸本币结算进程。中俄银行合作分委员会每年举行一次会议,在2000～2010年针对本币结算签订一系列制度性协定,推动了中俄银行间本币结算业务走向成熟。2002年8月,中俄签署了关于边境地区贸易的银行结算协定,这为两国本币结算业务的发展提供了纲领性指导。从2003年3月起,在中国银行黑龙江省黑河分行与俄罗斯布拉戈维申斯克市的远东外贸股份商业银行之间开展本币结算试点工作。2004年9月,两国将边贸本币结算试点范围推广到所有的边境口岸及俄方与我国接壤的阿尔泰共和国、海滨边疆区、哈巴罗夫斯克边疆区、阿穆尔州、赤塔州、犹太自治州。2006年,进一步将两国本币结算银行服务所在地域范围扩大到中方黑龙江、吉林、内蒙古、新疆四省全境。2007年,中俄两国总理定期会晤签署协定,将本币结算范围扩展到边境旅游服务。在中俄经常项目下的本币结算基础上,资本与金融账户项下的人民币结算业务也陆续开启。一方面,中方银行使用人民币对俄融资。如2009年哈尔滨银行累计向在俄注册的康吉国际工贸有限责任公司发放人民币贷款900万元,这标志着中俄金融合作的进一步加深。另一方面中方银行开展用人民币对俄投资项目。2009年,黑龙江省企业陆续以人民币对俄直接投资,到2010年5月累计实现对俄投资额为人民币1000万元。[①]

2011年上海合作组织区域内贸易尝试推进本币结算方面的合作取得了新进展。中俄作为上合组织最大的两个经济体,俄罗斯央行与中国人民银行签订外贸本币结算协议,规定两国企业可自主选择两国本币或第三方可自由兑换货币进行贸易结算,两国自然人进行非经营

---

① 参见张远军:《中俄金融合作热点问题聚焦》,中国金融出版社2011年版,第41～52页。

性银行间汇款也可使用本币而不受任何限制。这一规定意味着本币结算不限于边境地区,大大开拓了结算的辐射业务领域和地域范围。同时,中方宣布继续以人民币形式向各成员国提供优惠贷款,进一步推动成员国利用本币结算的发展趋向。

(2)成立国际金融区域合作组织,加强区域投融资合作

2005年,在中国国家开发银行和俄罗斯外经银行的共同倡导下,上海合作组织银行联合体成立,标志着这一以开发性金融合作为特征的国际金融区域合作机制正式建立。一方面该联合体是为了保证在上海合作组织框架内所有成员银行的安全和有效运行,另一方面是为上海合作组织的持续发展和成员国一系列重大项目的落实提供资金保障,有利于各成员国开展更加广泛的合作。同年,六国元首签署了《上海合作组织银行联合体成员行关于支持区域经济合作的行动纲要》,标志着成员国间的金融合作即将进入实施阶段。国家开发银行努力促进各成员行之间的交流合作,积极搭建银联体制制度框架和合作平台,在融资支持区域经济发展方面,与俄罗斯外经银行、外贸银行、储蓄银行以及萨哈林州、克拉斯诺亚尔斯克边疆区建立了良好的合作关系,积极促进双边经济和产业发展;2004年中国国家开发银行与哈萨克斯坦开发银行在北京签署全面合作协议,双方将在项目融资、银团贷款方面开展合作,优先考虑对对方推荐项目给予支持,利用两行资源为两国生产、运输、基础设施、化工和有色金属产业等提供直接或间接融资。

自从银联体成立以来,不断创新融资合作模式,积极落实《〈上海合作组织成员国多边经贸合作纲要〉实施措施计划》中项目所需融资及相关金融服务,重点开展上合组织区域内多方参与的网络性大型基础设施项目的合作,同时也为区域内其他项目提供强有力的融资支持。如银联体2006年以来完成了中石油、中石化、中化、中信海外重大并购项目,完成了中哈石油管道、五矿智力铜、中信集团收购加拿大内森斯能源有限公司、中国化工集团公司收购法国安迪苏公司等重大

项目，成功地促成了哈萨克斯坦和中国合作修建的马伊纳克水电站项目。国家开发银行积极支持中国企业在俄投资项目超过20个，实现对俄贷款余额数十亿美元，支持了一系列中俄两国政府共同关注的大型合作项目，促进了诺夫哥罗德州农产品加工、西北浮法玻璃、乌拉尔电信公司等30个项目的开展。

(3)中国与成员国方互设金融分支机构

目前俄罗斯国有控股银行OAO VTB获得中国政府批准开设一家分支机构，成为第一家获准在中国经营的银行。俄罗斯外贸银行、外经银行、工业通信银行和天然气工业银行等机构在北京或者上海设立了代表处或分行。同时，中国银行、中国工商银行、中国进出口银行等中国金融机构在俄罗斯设立了代表处或子银行。哈萨克斯坦是中亚五国经济发展最快的国家。目前，中哈两国的金融机构在境外设立分支机构方面都有不俗的业绩。哈萨克斯坦中国银行是中国银行在哈设立的全资分支机构，也是中国在哈境内设立的第一家金融机构，为中哈双边贸易的发展做出了积极贡献，中国银行在哈的代理行现有20多家，现已经成为哈国十大银行之一。中国工商银行也较早在哈国阿拉木图开设了境外分行，目前业务发展也较好。据统计，随着外汇业务的发展，中国新疆境内9家外汇指定银行目前与哈国当地及外资银行的分支机构建立了58个代理行关系，1个账户行关系。

(4)积极参与反洗钱和反恐融资国际合作

在反洗钱业务多边合作方面，2002年以来，中国人民银行、公安部、财政部、外交部等部门与FATF、世界银行、国际货币基金组织、亚欧会议、20国集团、沃尔夫斯堡集团等广泛接触，在业务培训、个案合作、信息交流等方面进行了合作。同时，中国与中亚一些国家、俄罗斯积极参与反洗钱和反融资的国际合作。2004年10月，中国与俄罗斯、哈萨克斯坦、塔吉克斯坦、吉尔吉斯斯坦、白俄罗斯共同作为创始成员国成立了欧亚反洗钱与反恐融资小组(EAG)，中国作为主要成员在EAG中发挥着作用。通过中俄银行合作分委会、中哈金融合作分委会等双边机制与俄罗斯、哈萨克斯坦在反洗钱业务方面进行定期的工作会谈与交流。[①] 在反恐融资方面，2001年9月，中国与俄罗斯、哈萨克斯坦、塔吉克斯坦、乌兹别克斯坦联合签署了《打击恐怖主义、分裂主义和极端主义上海公约》，并与各国就阻止恐怖主义分子进入金融市场的行动计划达成了协议。在加强信息交流与人员培训方面，早在2002年12月中俄中央就签署了关于加强反洗钱信息交流与人员培训的协议，此后多次召开研讨会和开展互访信息交流。在北京举行"俄罗斯年"活动期间，中俄双方还专门就反洗钱和反恐融资情况进行了充分交流活动，并正式签署了《中国人民银行和俄罗斯联邦金融监管局关于反洗钱和反恐融资合作与信息交流协议》。

(5)中国与成员国不断扩大双方中央银行之间交流与合作

中央银行间的交流主要通过中国与成员国建立金融合作分委员会制度来实现，旨在通过相互交流，加强银行间的互信与合作，为经贸发展提供优质金融服务。中央银行的合作主要体现在积极推动高层互访，增加央行间的信任度和决策程序的了解，解决各自国内分歧意见，同时通过签署合作协定，为商业银行创造合作的制度基础。早在2000年，在中俄总理定期会晤机制框架下，建立了银行分委员会制度，约定双方每年召开一次会议，中俄双方签署了一系列金融和银行合作协定包括《中俄关于在外汇监管领域的合作协定》《中俄央行合作协定》《中俄央行关于金融机构业务监管合作协定》《中俄央行关于边境地区贸易的银行结算协定》《反洗钱合作和人员培训协定》和《中国外汇管理局与俄罗斯外汇和出口管理局合作互助议定书》等。在中亚地区，2004年5月17日，中哈金融合作分委会根据双方签署的《中国政府和哈萨克斯坦政府关于成立中哈合作委员会的协定》正式成立。2006年12月双方在北京召开了第二次会议，这次会议双方就开展边

① 参见付平:《央行向社会公布首份反洗钱报告》，http://finance.sina.com.cn/money/bank/bank_hydt/2005 07 16/。

贸本币结算、加强银行监管领域的合作及反洗钱等达成共识，签署了《中国人民银行与哈萨克斯坦国家银行边境地区贸易的银行结算协定》、《中国银行业监督管理委员会与哈萨克斯坦金融市场和金融机构监督管理局关于在银行监管领域开展合作的谅解备忘录》、《中国银行股份有限公司与哈萨克斯坦人民储蓄银行股份公司之间关于银行间合作的协议书》等。这些协定推动了中国与上合组织成员国间的金融合作，尤其是加强了中国商业银行与俄罗斯、哈萨克斯坦国家商业银行的合作，如建立了代理行关系、开立美元直接结算账户、提高相互授信额度、签署全面合作协议等，也在结算及其他金融服务方面建立双边合作机制。

### 5.3.5 成员国推进电子商务领域合作

电子商务是用来衡量公司、企业运用互联网进行商务活动的普及程度。发展电子商务可以顺应贸易投资便利化的需要，有利于克服成员国间贸易投资合作所面临的商品、资金、技术、人员和服务相互流动等方面的障碍和困难，为企业开展互利合作创造更宽松、便利的环境，最终促进贸易投资的增长。目前，上海合作组织成员国的电子商务发展水平参差不齐，其中，中国的电子商务发展水平最高，俄、哈、乌次之，塔、吉两国最低。在电子商务及信息化领域，2002 年，俄罗斯政府启动了一个为期 8 年的名为“电子俄罗斯”的国家项目，其目标在于使俄罗斯的电子商务量每年增加 30％～40％。①

为进一步加快电子商务发展，加强各成员国信息共享、合作和对话，探讨合作的新思路新方式，合理利用和配置资源，促进多边和双边贸易投资关系的发展，实现区域经济的可持续增长与共同繁荣，各成员国在电子商务领域开展了多方面的工作。2003 年 9 月，上海合作组织电子商务专业工作组成立，该工作组为推动区域内电子商务交流与

① 参见柴瑜：《金砖国家贸易贸易便利化：发展与合作》，《中国金融》2011 年第 5 期。

合作，提高成员国的信息化水平，促进区域内经贸的发展起到了积极的作用。一是合作网站建设进展顺利。2004年9月，上海合作组织区域经济合作网站由温家宝总理与上合组织各成员国总理共同开通，是利用信息技术加强区域内经贸合作的有益探索。自开通以来，网站参加了中国与中亚国家经贸政策和区域经济合作国际研讨会、中国—塔吉克斯坦商务投资高层论坛、上合组织电子商务工作会议等活动。积极与各成员国政府机关、研究机构、商会、企事业单位以及各大媒体建立联系及信息交换机制，为政府部门和企业提供信息服务。网站尤其成为企业了解各成员国法律法规、贸易投资环境、商业信息的有效平台，对促进区域内经贸合作发挥了积极作用。二是各国加强信息基础设施建设。建立公用数据网、互联网等为电子商务建立了网上认证中心、订货、支付等安全交易的运行环境。三是在电子商务规则、标准、法规方面加强专项合作。电子商务引起的贸易方式、商业模式及行政管理方式的变革产生一系列法律问题，如电子商务合同、单证、电子签名、电子货币的合法性问题，为此各国加强了法律法规和标准规范的建设工作，加强了成员国间的合作和交流，共同探讨研究电子商务标准制定和立法问题。2008年2月18日～19日，在北京举行了第四次电子商务工作组会议，各方深入讨论了电子签名在跨境电子商务的作用等议题。四是各国积极培养信息技术专业人才队伍。对政府公务员、企业经理、管理人员等进行强化培训，同时开展信息技术普及教育，普及电子计算机应用和商务知识，提高人们的信息意识文化素质以及电脑的普及率。五是加快配套服务体系的改革。银行电子化、金融电子化是电子商务的必要条件，电子商务的发展不仅要求银行要有网上支付和结算能力，而且还要安全、保密。为此，各国中央银行、商业银行通过签订协定加强银行监管领域的合作。同时，缺乏良好的物流配送系统，将导致电子商务的高流通成本，为此，各国大力鼓励组建大型流通企业，尤其是鼓励民营流通企业发展，推进电子商务公司与已有配送系统如邮政投递网络的结合，协调相关部门并配合优惠政策，健全物流配送系统。

### 5.3.6 推进贸易便利化的制度建设

贸易便利化引起成员国既有的制度框架发生改变。上合组织多数成员国实施简化的报关、验放程序，从而使得成员国的贸易便利化水平得到了明显的提高。如哈海关实施自由流通货物的放行制度、海关仓库制度、自由关税区、自由仓库海关制度、免税贸易商店制度、信息发布制度等12项宽松制度。多数上合组织国家不同程度地实施信息发布制度，还有些国家实行快捷通关制度以及现代化的风险管理制度。通过信息发布制度，成员国采取多种途径向社会提供贸易便利化相关信息，其中包括政府公报、海关公告、社会公告、印刷出版物、交易会等，以满足贸易企业在贸易便利化信息方面的一般需求。通过建立现代化的风险管理制度，加强建立风险档案，对从事风险管理的人员进行必要的培训，对提高效率和便利海关执行主要任务方面发挥了重要作用。快捷通关制度作为一项对合格企业进行的特殊程序安排，它的实施依赖于风险评估工作开展的规范程度和外部审计的技术能力。为了推进贸易便利化，所有的国家在政府机构下设立了多个贸易便利化研究和服务的组织机构或者组建新的中介机构，例如，建立通关后审计团队、风险管理团队、制度咨询机构等，通过推进这些国家新制度的实施，有利于通过"以外促内"实现国内经济结构调整并加速经济发展。

然而，制度框架的改变是一项涉及政治成本的问题。① 政治成本是贸易便利化改革过程中的一项重要成本。专家调查意见认为，政治成本在大多数贸易便利化措施的实施中都明显存在，其规模仅次于设备、基础设施成本。因为一项贸易便利化措施可能会影响到一些现有

① 参见杨莉：《中国贸易便利化改革的成本与利益分析》，经济管理出版社2011年版，第67页。

制度下的既得利益从而遭到相关管理部门或工作人员的抵制，或者政策制定者担心因此丧失他们所需的政治支持而不能有效实施，由此带来人为改革成本增加。同时，制度法规的调整和机构调整建设，不仅需要重新分配资源与人员满足改革计划的实际要求，可能还会涉及培训成本。

# 第6章 上海合作组织投资便利化发展状况分析

## 6.1 投资便利化的现实基础和投资障碍

### 6.1.1 投资规模不断扩大且领域深化拓展

在上合组织的多边框架下，中国与中亚各国以贸易投资便利化和大项目合作为主的区域经济合作迈出了实质性步伐，区域内贸易规模逐年扩大。首先，上合组织成员国间经贸关系持续快速发展，贸易量占各自外贸总量的比重逐年提高。2008年，中国与上合组织各成员国间贸易额达到868亿美元。其次，上合组织成员国间的贸易商品结构进一步优化，经济互补性增强。中国机电产品出口成为对中亚、俄罗斯出口快速增长的主要推动力，所占比重超过30%。在中国进口商品中，资源型商品及原材料超过中国进口总额的70%。10年来，中国与上海合作组织成员国贸易额从121亿美元提高至近900亿美元，同比增长7倍，高于同期中国对外贸易总额的增幅。

随着经贸合作的逐步深入，投资逐渐成为上合组织成员国合作的重要方向。近年来，各成员国积极调整与投资相关的政策法规，不断加大以便利投资为目标的投资便利化措施的建设、协调与完善的力度，投资的社会环境、经济环境和监管环境明显改善。投资便利化给区域内各成员国带来显著的正效应，相互投资规模迅速扩大，投资领域逐渐拓宽。同时，通过确定若干大的经济技术合作项目，将交通、能源、电信、农业以及家电、轻工等领域作为优先方向，反过来也推进了组织框架内贸易和投资便利化进程。一方面，相互投资规模不断扩大。截至2007年底，中国对中亚、俄罗斯非金融类直接投资达21亿美元。中国企业通过跨国公司在哈萨克斯坦进行的石油资产的收购、投资开采哈石油区块和建设中哈石油管线等项目，投资总金额超过60亿美元。上合组织成员国已经成为中国对外直接投资的重点区域。相应地，上合组织成员国对华投资也不断扩大，截至2007年底，累计对华投资合同金额超过20亿美元。2010～2012年，成员国之间的相互投资一直保持积极增长势头，根据中国商务部、国家统计局和国家外汇管理局联合发布的《2010年度中国对外直接投资统计公报》数据显示，2010年中国对上合组织成员国直接投资流量为10亿美元，比2001年增长了近10倍。截至2010年底，中国对上合组织成员国直接投资累计达50.5亿美元，比2001年增长了50倍。在中国对外直接投资存量前20位国家中，俄罗斯位居第9位，哈萨克斯坦位居第14位。此外，上海合作组织其他成员国间相互投资也在不断扩大。据俄罗斯国家统计局发布的数据显示，2010年俄对除中国外其他上海合作组织成员国投资流量为18亿美元，比2001年增长了70倍，而在2009年投资流量为7.9亿美元，2008年为14.2亿美元，2007年为8.7亿美元。2011年俄白哈关税同盟正式启动后，俄对这一区域的投资呈现快速增长的势头。另一方面，投资领域逐渐拓宽。2003年以前中国对俄罗斯投资的领域主要是贸易、林业、农业及加工工业，2004年后逐渐扩大到资源开发、基础设施建设、机械制造业、农业及农产品加工、服务业等领域。根据俄罗斯联邦统计局资料显示，中国对俄投资主要分布在服务业、农林渔、制造业、采矿业、批发零售、建筑等领域，其中农林渔业占26.8%，房地产投资占17%，服务业投资占16.8%，制造业投资占11.6%，采矿业投资占9.9%，金融业投资占6.9%，批发零售投资占3.9%。[①] 根据萨克斯坦哈官方的统计，中国对哈国的投资主要集中在建筑业、采矿业、制造业、贸易、维修和轿车制造、金融及房地产行业，其中中方对哈国建筑业投资达到其该行业吸引外资总额的62%。尤其是在2006年的上合组织上海峰会上，胡锦涛主席提出了重点推动能源、交通、电信领域等领域优先合作呼吁，借助这一平台，大项目合作不断出现。在中方优惠信贷和上合组织银联体等资金支持下，包括中哈石油管道、中国—中亚天然气管道、中塔公路、中吉乌公路、塔乌公路、塔境内输变电线在内的一系列大型经济合作项目已经成功启动并在积极落实之中。2011年12月中国的精伊霍铁路与哈萨克斯坦特肯—霍尔果斯铁路成功对接，大大缩短了从中国新疆精河到哈萨克斯坦港口阿特劳的距离。可见，上海合作组织相互投资不仅增强了成员国间的经济联系更加大了成员国间的依存度。

### 6.1.2 投资便利化水平测量

综合宏观视域和微观视域下上海合作组织国家投资便利化状况的实证分析，可以看出各国投资便利化水平均得到一定程度的改善。

(1)宏观视域下各国投资便利化水平

推进上海合作组织区域投资便利化旨在改善各国投资环境，通常情况下一国的投资环境包括行政环境、生产环境、市场环境、财务环境、外汇环境和信贷条件等。本研究利用2012年世界经济论坛数据来描述上合组织成员国的投资环境，通过行政机构环境、市场环境、宏观经济环境、劳动力市场环境、金融市场环境和创新环境等六方面的实证分析来透析目前状况。

---

① 参见李进峰、吴宏伟:《上海合作组织发展报告：上海合作组织睦邻友好年专辑(2012)》，社会科学文献出版社2012年版，第82页。

①上海合作组织国家的市场环境及效率

市场环境主要指交通运输是否便捷、国内外市场的规模能否不断扩大、当地市场的竞争与垄断程度等。中国在市场环境指标上表现异常显著，总体均优于俄罗斯和中亚国家，但中国在移动电话的使用上表现较差，而在固定电话方面居于区域内中间水平。中亚国家的市场环境得到一定程度改善，尤其是哈萨克斯坦的市场环境改善较为明显，多数指标排名优于俄罗斯，总体而言俄罗斯市场环境及效率改善比较缓慢。详见表6-1。

表6-1　　2012年上合组织国家市场环境及效率排名情况

| 指标 \ 国家 | | 中国 | 俄罗斯 | 哈萨克斯坦 | 塔吉克斯坦 | 吉尔吉斯斯坦 |
|---|---|---|---|---|---|---|
| 1 | 国内市场规模指数 | 2 | 9 | 56 | 113 | 118 |
| 2 | 国际市场规模指数 | 1 | 7 | 43 | 122 | 115 |
| 3 | 当地竞争强度 | 37 | 124 | 113 | 107 | 123 |
| 4 | 市场控制程度 | 23 | 107 | 83 | 54 | 129 |
| 5 | 反垄断政策有效性 | 54 | 124 | 95 | 85 | 139 |
| 6 | 税收范围和影响 | 41 | 121 | 39 | 54 | 92 |
| 7 | 农业政策成本 | 13 | 133 | 48 | 52 | 129 |
| 8 | 外商所有权的普遍性 | 99 | 133 | 102 | 125 | 127 |
| 9 | 商业规则对外商直接投资的影响效率 | 41 | 128 | 100 | 109 | 131 |
| 10 | 基础设施总的情况 | 69 | 101 | 78 | 90 | 103 |
| 11 | 公路质量 | 54 | 136 | 117 | 98 | 133 |
| 12 | 铁路设施质量 | 22 | 30 | 29 | 43 | 79 |
| 13 | 港口基础设施质量 | 59 | 93 | 115 | 143 | 144 |
| 14 | 航空运输基础设施质量 | 70 | 104 | 95 | 88 | 135 |
| 15 | 电力供应设施质量 | 59 | 84 | 81.0 | 124 | 119 |

续表

| | 指标＼国家 | 中国 | 俄罗斯 | 哈萨克斯坦 | 塔吉克斯坦 | 吉尔吉斯斯坦 |
|---|---|---|---|---|---|---|
| 16 | 移动电话用户 | 114 | 5 | 20 | 96 | 76 |
| 17 | 固定电话用户 | 58 | 41 | 47 | 107 | 96 |

资料来源：The Global Competitiveness Report 2012-2013，World Economic Forum。

②上合组织国家行政机构环境

国家行政机构环境主要指东道国政局是否稳定、政府对外资的态度、政府的工作效率、海外人员进出国境手续是否简便等。中国在行政环境的竞争力方面好于其他上合组织国家。中亚国家近年来行政机构效率得到改善，尤其是哈萨克斯坦和塔吉克斯坦比较显著。俄罗斯行政机构环境较差，近年来没有得到显著改善，多数指标与吉尔吉斯斯坦状况相似。详见表 6-2。

**表 6-2　　2012 年上合组织国家行政机构环境排名情况**

| | 指标＼国家 | 中国 | 俄罗斯 | 哈萨克斯坦 | 塔吉克斯坦 | 吉尔吉斯斯坦 |
|---|---|---|---|---|---|---|
| 1 | 产权 | 47 | 133 | 77 | 94 | 142 |
| 2 | 知识产权保护 | 51 | 125 | 74 | 74 | 140 |
| 3 | 公众资金转移 | 51 | 126 | 37 | 66 | 138 |
| 4 | 政治公信度 | 26 | 86 | 37 | 32 | 126 |
| 5 | 腐败 | 67 | 120 | 64 | 101 | 137 |
| 6 | 司法独立 | 66 | 122 | 94 | 64 | 140 |
| 7 | 偏袒政府官员 | 34 | 127 | 91 | 40 | 136 |
| 8 | 政府开支的浪费情况 | 39 | 103 | 31 | 42 | 122 |
| 9 | 政府管制的负担 | 23 | 130 | 52 | 22 | 92 |
| 10 | 司法体系在争端解决方面的有效性 | 44 | 124 | 67 | 53 | 136 |

续表

| | 指标 \ 国家 | 中国 | 俄罗斯 | 哈萨克斯坦 | 塔吉克斯坦 | 吉尔吉斯斯坦 |
|---|---|---|---|---|---|---|
| 11 | 质询规则时法律框架的效率 | 53 | 127 | 76 | 43 | 136 |
| 12 | 政府政策制定的透明度 | 51 | 124 | 32 | 68 | 87 |
| 13 | 政府服务提高商业效率 | 32 | 110 | 13 | 23 | 122 |
| 14 | 恐怖主义商业成本 | 102 | 118 | 70 | 109 | 96 |
| 15 | 犯罪和暴力的商业成本 | 70 | 90 | 63 | 75 | 82 |
| 16 | 有组织犯罪 | 98 | 114 | 85 | 83 | 105 |
| 17 | 警察服务的有效性 | 59 | 133 | 96 | 76 | 129 |
| 18 | 审计和报告标准 | 72 | 123 | 74 | 125 | 129 |
| 19 | 少数股东权益保护 | 68 | 140 | 89 | 90 | 137 |
| 20 | 投资者的保护力度 | 80 | 94 | 10 | 52 | 13 |

资料来源：The Global Competitiveness Report 2012-2013，World Economic Forum。

③创新环境

创新环境主要指上海合作组织国家创新能力、科研机构质量、企业的研发、科学家和工程师的可用性、专利情况等情况。中国的创新环境在区域内居于首位，其次是俄罗斯，哈萨克斯坦和塔吉克斯坦各有优劣，吉尔吉斯斯坦的情况最差。详见表 6-3。

**表 6-3　　2012 年上合组织国家创新环境排名情况**

| | 指标 \ 国家 | 中国 | 俄罗斯 | 哈萨克斯坦 | 塔吉克斯坦 | 吉尔吉斯斯坦 |
|---|---|---|---|---|---|---|
| 1 | 创新能力 | 23 | 56 | 92 | 51 | 140 |
| 2 | 科研机构质量 | 44 | 70 | 108 | 76 | 140 |
| 3 | 企业的研发投入 | 24 | 79 | 94 | 65 | 141 |
| 4 | 校企的研发合作 | 35 | 85 | 90 | 83 | 141 |
| 5 | 官方采购先进高科产品 | 16 | 124 | 71 | 26 | 138 |

续表

| | 指标 \ 国家 | 中国 | 俄罗斯 | 哈萨克斯坦 | 塔吉克斯坦 | 吉尔吉斯斯坦 |
|---|---|---|---|---|---|---|
| 6 | 科学家和工程师的可用性 | 46 | 90 | 104 | 83 | 135 |
| 7 | 专利和应用程序 | 38 | 44 | 65 | 119 | 102 |

资料来源:The Global Competitiveness Report 2012-2013，World Economic Forum。

④金融市场环境

在所研究的五个国家中，中国的金融市场改善最为显著，金融市场为外资提供了较好的服务，中亚国家中哈萨克斯坦和塔吉克斯坦有明显改善，而吉尔吉斯斯坦没有明显改善，俄罗斯在多数指标上都差于中亚有明显改善的国家，俄罗斯金融市场服务、金融监管方面的改善方面任务艰巨。详见表 6-4。

**表 6-4　　2012 年上合组织国家金融市场环境排名情况**

| | 指标 \ 国家 | 中国 | 俄罗斯 | 哈萨克斯坦 | 塔吉克斯坦 | 吉尔吉斯斯坦 |
|---|---|---|---|---|---|---|
| 1 | 金融服务的可用性 | 68 | 117 | 79 | 103 | 136 |
| 2 | 金融服务的可提供性 | 46 | 118 | 78 | 88 | 137 |
| 3 | 本地市场融资 | 46 | 100 | 109 | 88 | 139 |
| 4 | 易于获得贷款 | 50 | 86 | 110 | 49 | 137 |
| 5 | 风险资本的可用性 | 22 | 85 | 105 | 50 | 133 |
| 6 | 银行的健全性 | 71 | 132 | 120 | 100 | 131 |
| 7 | 证券交易的监管 | 58 | 114 | 100 | 123 | 134 |
| 8 | 法律权利指数 | 65 | 118 | 99 | 135 | 1 |

资料来源:The Global Competitiveness Report 2012-2013，World Economic Forum。

⑤劳动力市场环境

劳动力市场环境主要反映上海合作组织国家生产环境中劳动者的技术素质、生产效率、劳资合同关系等。中亚国家的劳动力市场环境近几年来得到明显的改善，尤其是哈萨克斯坦总体状况好于其他国家，中国在脑力劳动、专业化的管理、薪酬及生产力方面表现突出，其他指标与其他国家各有优劣，俄罗斯市场状况总体较差。详见表6-5。

**表6-5　　2012年上合组织国家劳动力市场环境排名情况**

| 指标＼国家 | | 中国 | 俄罗斯 | 哈萨克斯坦 | 塔吉克斯坦 | 吉尔吉斯斯坦 |
|---|---|---|---|---|---|---|
| 1 | 劳资关系中的合作 | 57 | 125 | 49 | 64 | 68 |
| 2 | 工资订立的灵活性 | 77 | 69 | 30 | 36 | 7 |
| 3 | 雇佣和解雇行为 | 42 | 90 | 24 | 51 | 19 |
| 4 | 遣散费 | 117 | 81 | 25 | 72 | 81 |
| 5 | 薪酬及生产力 | 16 | 65 | 10 | 19 | 17 |
| 6 | 专业化的管理 | 48 | 110 | 87 | 130 | 128 |
| 7 | 脑力劳动 | 39 | 111 | 72 | 61 | 139 |
| 8 | 女性劳动力 | 34 | 38 | 24 | 76 | 93 |

资料来源：The Global Competitiveness Report 2012-2013，World Economic Forum。

⑥宏观经济环境

宏观经济环境主要反映上海合作组织国家政府预算、政府债务、国民储蓄、国家信用情况。中国在国民储蓄、国家信用方面在上合组织国家中表现突出，俄罗斯在政府债务方面情况较好，哈萨克斯坦各项指标均好于中亚其他国家。详情见表6-6。

**表6-6　　2012年上合组织国家宏观经济环境排名情况**

| 指标＼国家 | | 中国 | 俄罗斯 | 哈萨克斯坦 | 塔吉克斯坦 | 吉尔吉斯斯坦 |
|---|---|---|---|---|---|---|
| 1 | 政府预算平衡 | 41 | 20 | 12 | 55 | 107 |
| 2 | 国民储蓄 | 5 | 28 | 13 | 111 | 65 |
| 3 | 通货膨胀 | 82 | 111 | 110 | 130 | 136 |

续表

| 指标 \ 国家 | | 中国 | 俄罗斯 | 哈萨克斯坦 | 塔吉克斯坦 | 吉尔吉斯斯坦 |
|---|---|---|---|---|---|---|
| 4 | 政府债务 | 35 | 9 | 14 | 59 | 99 |
| 5 | 国家信用评级 | 22 | 39 | 57 | 134 | 115 |

资料来源：The Global Competitiveness Report 2012-2013，World Economic Forum。

下面，本研究利用世界经济论坛《全球竞争力报告 2012》的数据，从行政机构环境、市场环境、宏观经济环境、劳动力市场环境、金融市场环境、创新环境等 6 个方面对上海合作组织国家的投资便利化水平进行测算。首先分别对各国行政机构环境、市场环境、宏观经济环境、劳动力市场环境、金融市场环境、创新环境等各个指标的数据进行加总并求简单平均，再用各国的数据除以该算术平均值，这样便得到了上海合作组织成员国家的各个指数指标。其计算公式为：

$$\overline{II}_i = II_i/(\sum_{i=1}^{5} II/5)$$

其中，$II_i$ 表示上海合作组织国家中第 $i$ 国的指数指标，而 $i$ 取值范围为 $i=1,2,\cdots,5$（乌兹别克斯坦数据可得性差，略去）。

根据这一公式可以将上海合作组织各国上述 6 个综合性指标全部指数化，如果一国的投资便利化指数指标等于 1，说明该国的这一指标处于上合组织国家中的平均水平；如果投资便利化指标大于 1，说明该国的这一指标在上合组织国家范围内处于领先水平；如果一国投资便利化指标小于 1，说明该国的这一指标在上合组织国家范围内处于平均水平以下。

通过计算可以得到 2012～2013 年上海合作组织国家在行政机构环境、市场环境、宏观经济环境、劳动力市场环境、金融市场环境、创新环境 6 个方面投资便利化的基本情况，如表 6-7 所示。使用同样的方法，可以计算得到 2011～2012 年上海合作组织国家在上述 6 大类指标方面投资便利化的情况。详见表 6-8。

表6-7　　2012年上合组织国家投资便利化指数比较

| 指标＼国家 | 中国 | 俄罗斯 | 哈萨克斯坦 | 塔吉克斯坦 | 吉尔吉斯斯坦 |
|---|---|---|---|---|---|
| 行政机构环境 | 1.12 | 0.84 | 1.11 | 1.08 | 0.85 |
| 市场环境 | 1.28 | 1.00 | 1.04 | 0.90 | 0.78 |
| 宏观经济环境 | 1.38 | 0.99 | 1.03 | 0.66 | 0.95 |
| 劳动力市场环境 | 1.26 | 0.94 | 0.84 | 0.97 | 0.99 |
| 金融市场环境 | 1.23 | 0.88 | 0.97 | 0.93 | 0.99 |
| 创新环境 | 1.42 | 1.12 | 0.90 | 0.95 | 0.60 |
| 总体投资环境 | 1.28 | 0.96 | 0.98 | 0.91 | 0.86 |

资料来源：根据世界经济论坛《全球竞争力报告(2012～2013)》数据计算所得(这里在计算市场环境指数时，飞机可用座位、移动电话和固定电话指标未包括其中)。

表6-8　　2011年上合组织国家投资便利化指数比较

| 指标＼国家 | 中国 | 俄罗斯 | 哈萨克斯坦 | 塔吉克斯坦 | 吉尔吉斯斯坦 |
|---|---|---|---|---|---|
| 行政机构环境 | 1.19 | 0.86 | 0.99 | 1.12 | 0.83 |
| 市场环境 | 1.31 | 1.01 | 1.00 | 0.89 | 0.79 |
| 宏观经济环境 | 1.37 | 0.93 | 0.97 | 0.74 | 1.02 |
| 劳动力市场环境 | 2.03 | 0.69 | 0.60 | 0.94 | 0.74 |
| 金融市场环境 | 1.26 | 0.89 | 0.93 | 0.93 | 1.00 |
| 创新环境 | 1.38 | 1.13 | 0.87 | 0.98 | 0.64 |
| 总体投资环境 | 1.42 | 0.92 | 0.89 | 0.93 | 0.84 |

资料来源：根据世界经济论坛《全球竞争力报告(2011～2012)》数据计算所得。

通过比较2011～2012年和2012～2013年上海合作组织国家投资便利化指数情况，可以发现：在所研究的上海合作组织五个国家中，中国投资便利化水平在上合组织国家中一直居于首位，2011～2012年和2012～2013年分别是1.42和1.28；哈萨克斯坦2012年度的情况较上年度有所好转，投资环境评估居于第二位，不仅在中亚国家中表现最好，而且还超过俄罗斯，这主要是哈国在行政机构环境、市场环境和宏观经济环境方面均较上年度有所改善，显示出哈国在改善投资环境方面取得了一定的成效；俄罗斯 2012 年较 2011 年也有所改善，但由于改善程度比较缓慢，投资环境评估居于第三位；投资环境最糟糕的是吉尔吉斯斯坦，这两年分别为 0.86 和 0.84。国内投资环境方面：中亚国家的国内投资环境都得到了一定程度的改善，哈萨克斯坦的改善最为显著，吉尔吉斯斯坦的改善最为迟缓，而乌兹别克斯坦和塔吉克斯坦在中亚国家中居于中间水平；俄罗斯政府尽管在国内投资环境改善上加大了工作力度，但由于受国内利益集团和国内投资保护主义的影响，投资环境的改善情况一值欠佳。

从具体指标的分析来看：中国的投资便利化改善程度最好，各项指标都超过平均水平，尤其是中国的创新环境和宏观经济环境近年来改善突出。其他国家总指标均低于平均水平，投资便利化改善并不显著，国内需要加大改革力度扭转投资环境不佳的状况。俄罗斯在创新环境和市场环境指数上均高于平均水平，而其他指标都低于平均水平，尤其是行政机构环境表现最差；哈萨克斯坦在行政机构环境、市场环境、宏观经济环境方面表现较好，高于区域平均水平，而其他分项指标都低于平均水平，特别是劳动力市场环境表现最差；塔吉克斯坦行政机构环境有明显改善，高于区域平均水平，其他分项指标都低于平均水平，尤其是宏观经济环境表现最差，指数值为 0.66；吉尔吉斯斯坦所有分项指标都低于区域平均水平，创新环境表现最差，劳动力市场环境改善较为明显。

(2)微观视域下针对各国中小企业投资的便利化水平测算及措施

本研究主要对企业生命周期的各个阶段，各国所做的便利化改革进行考察。根据世界银行近年来《营商环境报告》所提供的数据，以 11 个指标说明上合组织各国开办中小企业的便利化情况，详见表 6-9。

①针对中小企业监管的11个量化指标

表6-9　上海合作组织国家开办中小企业便利化的详细量化指标

| 企业开办 | 企业扩建 | 企业经营 | 企业破产 |
| --- | --- | --- | --- |
| 1. 开办企业<br>最低资本要求<br>手续、时间和成本 | 2. 登记财产<br>手续、时间和成本<br><br>3. 获得信贷<br>信贷信息系统<br>动产担保法律<br><br>4. 保护投资者<br>相关方交易过程中的信息披露和责任<br><br>5. 执行合同<br>解决商业纠纷所需办理的手续以及所需时间和成本 | 6. 办理施工许可证<br>手续、时间和成本<br><br>7. 获得电力<br>手续、时间和成本<br><br>8. 纳税<br>税款、时间和总税率<br><br>9. 开展跨境贸易<br>文件、时间和成本<br>10. 雇佣员工 | 11. 办理破产<br>时间、成本和回收率 |

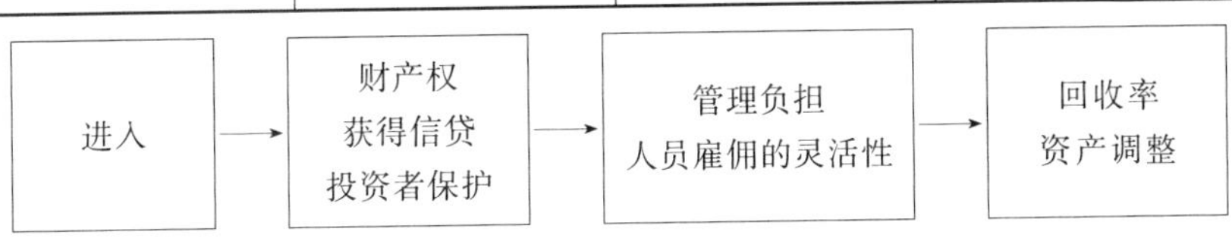


根据世界主要经济体的实践，总结上述11个指标的含义是：第一，提高企业开办便利化的改革，对促进商品市场行业投资产生显著的积极影响。降低企业登记成本可鼓励创业，提高企业生产力。登记新建企业耗时较短的国家，尤其是在增长潜力最大的行业登记的企业更多。第二，执行合同的能力不仅决定企业投资的便利性，也是影响投资产出比较优势的一个重要因素，合同执行良好的国家往往比合同执行较差的国家生产和出口更多产品。第三，法院、信贷信息系统、担保法、债权人法和破产法等，在便利人们获得信贷方面可发挥一定作用。健全的信贷信息系统和极其有效的担保法，有助于减少融资方面的制约因素。一些国家引入完善的破产制度，简化了企业重组机制，

对债权人的保护得到加强，负债成本降低，信贷总额得到增长。

②各指标反映出各国企业投资便利性逐步改善

第一，上合组织区域内企业投资便利性得到一定改善。图 6-1 反映了上海合作组织各国 2006～2014 年各年度企业投资便利性情况。

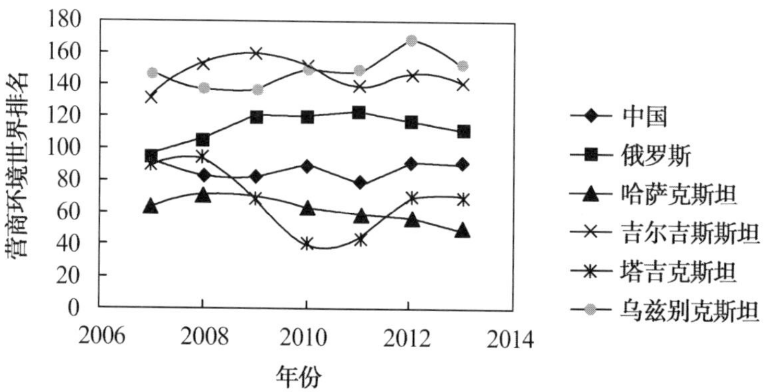


图 6-1　上海合作组织国家各年度企业营商环境世界排名情况

注：根据世界银行各年度数据绘制，每一年度的排名都是对上一年里企业营商环境的总结。

从图 6-1 可见，近几年来，虽然各国的排名有升有降，但上海合作组织区域内各国投资建厂、企业运营环境都有不同程度的改善，中亚国家改善最为明显。其中，企业投资便利化改善幅度最大的是哈萨克斯坦，其次是吉尔吉斯斯坦，居于第三位的中国，第四位是俄罗斯，塔吉克斯坦和乌兹别克斯坦在营商环境改善方面排在最后。形成目前这种状况，主要是在 2004～2012 年里，上海合作组织各国进行了提高企业投资便利性的政策改革，不仅体现在中亚国家在多领域实行改革，更体现在中国、俄罗斯等大型经济体稳步推行的一系列便利化改革措施。

第二，上合组织各国企业投资便利性改善差异明显。由于各国针对企业营商环境的政策改革力度不同，导致各国投资便利性改善幅度不同，中亚国家的改善幅度最大，其增长幅度多个年份进入全球营商便利度方面改善最大的前 10 名国家行列。根据 2009～2010 年世界银行全球《营商环境报告》,2009年在多个领域实行投资便利性政策改革并改善最大的前10名国家中,中亚国家就占据了2名,分别是哈萨克斯坦、塔吉克斯坦。在2004～2009年,实行了12项以上的营商环境改革,在监管环境方面改善幅度最大的10个经济体中,哈萨克斯坦和吉尔吉斯斯坦都位列其中。在2012年,上海合作组织成员国实施了多项规制,改善了本地企业家营商的便捷度。其中,在营商便捷度方面改善最大的是乌兹别克斯坦和哈萨克斯坦,分别位列全球第4位和第6位。

2009年,为了降低国际金融危机带来的不良影响,哈萨克斯坦在营商便利度方面积极进行改革,其改善幅度最大,排名全球第一。该国在开办企业、办理施工许可、投资者保护、简化跨国贸易等方面进行了一系列便利性政策改革:其一,修改了《公司法》,简化企业开办程序,同时将资本金要求下调到原来的70%。其二,简化办理施工许可证程序。实行施工手续一站式服务,采取了基于风险的许可证审批办法,极大地简化了施工许可证办理过程。其三,连续几年致力于通关现代化的建设。建立了自动化海关信息系统,提货单可以在网上提交,货物到达前就可以申请报关。采用风险管理系统来控制货物的跨境流动,在与中国相邻的关口引入现代化的检查系统,由此使出口所需的时间减少了9天,开展贸易需要的文件减少了1个。其四,增加了相关利益方之间交易的信息披露要求,对投资者保护力度加大。2009～2010年间,哈国继续在开办企业、办理许可证、投资者保护和促进投资的跨境贸易方面实行政策改革。一是继续提升开办企业的便利性,哈国将最低实缴资本要求降低至100坚戈(0.7美元),废除对组织大纲和公司章程进程公证的要求,从而使开办企业更加容易;二是使办理施工许可证更为方便,为此,哈萨克斯坦通过实行与公用事业技术条件相关的一站式服务;三是在保护投资者方面,哈萨克斯坦要求在公司年度报告中披露更多信息,加强对投资者的保护;四是通过采用风险管理系统和提高海关自动化等一系列加强海关现代化的措施使跨国贸易变得更加快捷。哈萨克斯坦个年度营商环境指标排名情况，详见表 6-10。

**表 6-10　哈萨克斯坦各年度企业营商环境总体及各项详细指标排名情况**

| 指标<br>年份 | 营商环境（世界排名） | 开办企业 | 申请建筑许可 | 获得电力供应 | 注册财产 | 获得信贷 | 投资者保护 | 缴纳税款 | 跨境贸易 | 合同执行 | 办理破产 | 雇佣员工 |
|---|---|---|---|---|---|---|---|---|---|---|---|---|
| 2013 | 49 | 25 | 155 | 80 | 28 | 83 | 10 | 17 | 182 | 28 | 55 | — |
| 2012 | 56 | 55 | 150 | 81 | 28 | 97 | 10 | 16 | 178 | 28 | 55 | — |
| 2011 | 59 | 47 | 147 | — | 28 | 72 | 44 | 39 | 181 | 36 | 48 | — |
| 2010 | 63 | 82 | 143 | — | 31 | 43 | 57 | 52 | 182 | 34 | 54 | 38 |
| 2009 | 70 | 78 | 175 | — | 25 | 43 | 53 | 49 | 180 | 28 | 100 | 29 |
| 2008 | 71 | 173 | 173 | — | 72 | 48 | 51 | 44 | 178 | 28 | 100 | 22 |
| 2007 | 63 | 40 | 119 | — | 76 | 48 | 46 | 66 | 172 | 27 | 100 | 22 |

注：每一年度的排名都是对上一年里企业营商环境的总结。

资料来源：Doing Business Report 2007-2013，The World Bank Report。根据世界银行报告整理。

吉尔吉斯斯坦、塔吉克斯坦、乌兹别克斯坦这三个国家自 2007 年以来加大了对企业投资环境政策改革的力度，为推进上合组织区域内投资便利化进程做出了贡献。塔吉克斯坦在 2009～2010 年为推进投资便利化主要做了以下方面的工作：一是开办企业方面，由于开设了一站式服务窗口，塔吉克斯坦为开办企业创造了更加便利的营商环境；二是保护投资者方面，塔吉克斯坦要求公司在年度报告中披露更多的公司信息，并允许少数股权投资者访问更多的公司信息，从而加强了对投资者的保护；三是纳税方面，塔吉克斯坦降低了企业所得税税率。上述情况详见表 6-11。

表 6-11　塔吉克斯坦各年度企业营商环境总体及各项详细指标排名情况

| 指标／年份 | 营商环境（世界排名） | 开办企业 | 申请建筑许可 | 获得电力供应 | 注册财产 | 获得信贷 | 投资者保护 | 缴纳税款 | 跨境贸易 | 合同执行 | 办理破产 | 雇佣员工 |
|---|---|---|---|---|---|---|---|---|---|---|---|---|
| 2013 | 141 | 77 | 180 | 181 | 82 | 180 | 25 | 175 | 184 | 43 | 79 | — |
| 2012 | 147 | 70 | 179 | 180 | 90 | 180 | 66 | 170 | 184 | 43 | 71 | — |
| 2011 | 139 | 136 | 178 | — | 87 | 168 | 59 | 165 | 178 | 40 | 64 | — |
| 2010 | 152 | 143 | 177 | — | 78 | 167 | 73 | 162 | 179 | 39 | 100 | 143 |
| 2009 | 159 | 168 | 178 | — | 46 | 172 | 150 | 159 | 177 | 23 | 97 | 128 |
| 2008 | 153 | 161 | 166 | — | 43 | 135 | 176 | 155 | 176 | 23 | 99 | 125 |
| 2007 | 133 | 166 | 85 | — | 40 | 143 | 172 | 154 | 163 | 39 | 50 | 52 |

注：每一年度的排名都是对上一年里企业营商环境的总结。

资料来源：Doing Business Report 2007-2013，The World Bank Report。根据世界银行不同年份报告整理。

在吉尔吉斯斯坦，2007年以来，特别是2009～2010年，开办企业不再要求对公司创始人的签名进行公证，使开办企业更加容易；关闭企业方面，简化了破产诉讼程序，并修改了对管理人员的要求，但为防止诉讼程序滥用，新增的手续使关闭企业更加困难。2012年在合同执行、财产注册方面提高了便利性。上述情况详见表6-12：

表 6-12　吉尔吉斯斯坦各年度企业营商环境总体及各项详细指标排名情况

| 指标／年份 | 营商环境（世界排名） | 开办企业 | 申请建筑许可 | 获得电力供应 | 注册财产 | 获得信贷 | 投资者保护 | 缴纳税款 | 跨境贸易 | 合同执行 | 办理破产 | 雇佣员工 |
|---|---|---|---|---|---|---|---|---|---|---|---|---|
| 2013 | 70 | 15 | 67 | 177 | 11 | 12 | 13 | 168 | 174 | 47 | 155 | — |
| 2012 | 69 | 16 | 67 | 182 | 16 | 9 | 13 | 162 | 173 | 48 | 153 | — |
| 2011 | 44 | 14 | 43 | — | 17 | 15 | 12 | 150 | 156 | 54 | 138 | — |
| 2010 | 41 | 14 | 40 | — | 19 | 15 | 12 | 156 | 154 | 54 | 140 | 47 |
| 2009 | 68 | 31 | 58 | — | 52 | 28 | 11 | 155 | 181 | 52 | 137 | 81 |

续表

| 指标<br>年份 | 营商环境（世界排名） | 开办企业 | 申请建筑许可 | 获得电力供应 | 注册财产 | 获得信贷 | 投资者保护 | 缴纳税款 | 跨境贸易 | 合同执行 | 办理破产 | 雇佣员工 |
|---|---|---|---|---|---|---|---|---|---|---|---|---|
| 2008 | 94 | 49 | 152 | — | 16 | 68 | 33 | 152 | 177 | 32 | 128 | 74 |
| 2007 | 90 | 41 | 143 | — | 31 | 65 | 33 | 150 | 173 | 38 | 127 | 63 |

注：每一年度的排名都是对上一年里企业营商环境的总结。

资料来源：Doing Business Report 2007-2013，The World Bank Report。根据世界银行不同年份报告整理。

在办理施工许可证方面，2009 年乌兹别克斯坦提高了与施工许可证相关程序的所有费用，也是上合组织六国中唯独提高了企业投资门槛的国家。但在 2012 年，乌兹别克斯坦实施了多项规制改革，改善了本地企业家营商的便捷度，成为上合组织国家中在营商便捷度方面改善最大的国家。上述情况详见表 6-13。

表 6-13　乌兹别克斯坦各年度企业营商环境总体及各项详细指标排名情况

| 指标<br>年份 | 营商环境（世界排名） | 开办企业 | 申请建筑许可 | 获得电力供应 | 注册财产 | 获得信贷 | 投资者保护 | 缴纳税款 | 跨境贸易 | 合同执行 | 办理破产 | 雇佣员工 |
|---|---|---|---|---|---|---|---|---|---|---|---|---|
| 2013 | 154 | 90 | 152 | 167 | 138 | 154 | 139 | 161 | 185 | 46 | 73 | — |
| 2012 | 168 | 90 | 145 | 172 | 138 | 158 | 136 | 159 | 185 | 45 | 124 | — |
| 2011 | 150 | 106 | 145 | — | 135 | 138 | 132 | 154 | 169 | 44 | 112 | — |
| 2010 | 150 | 92 | 142 | — | 133 | 135 | 119 | 178 | 174 | 44 | 125 | 95 |
| 2009 | 138 | 70 | 148 | — | 125 | 123 | 113 | 162 | 171 | 46 | 122 | 76 |
| 2008 | 138 | 54 | 145 | — | 119 | 170 | 107 | 159 | 165 | 48 | 119 | 67 |
| 2007 | 147 | 70 | 138 | — | 165 | 159 | 118 | 155 | 169 | 30 | 112 | 67 |

注：每一年度的排名都是对上一年里企业营商环境的总结。

资料来源：Doing Business Report 2007-2013，The World Bank Report。根据世界银行不同年份报告整理。

中俄也在稳步推进便利化改革。根据世界银行全球《营商环境报告》，在2004～2008年间，中国实行了14项改善投资环境的政策措施，如2005年出台了《新公司法》；2006年组建了信贷登记部门，如今60%以上的成人都有信贷记录；2007年新的产权法开始实施，对公共和私有财产同等实施保护，扩大了担保资产范围；2009年新出台的《企业所得税法》统一了内外资企业的税制。另外，俄罗斯在2009年同样在推进投资环境便利化方面有不俗的表现。如：简化办理施工许可证程序和完善破产制度；企业在有关土地使用方面的所有手续都可以在一个窗口完成，方便了施工许可证的办理；采取了一系列立法措施，强化了贷款人的权利，修订了破产法规。2010～2011年间，中国和俄罗斯在以下方面有明显改善：一是在获得信贷方面变得容易，如中国散发正面的信贷信息，俄罗斯允许庭外执行；二是在纳税方面变得容易，如中国允许自我评估；三是在执行合同方面变得容易，如俄罗斯允许电子提交投诉。中俄2007～2013年企业营商环境指标排名情况详见表6-14和6-15。

**表6-14　中国各年度企业营商环境总体及各项详细指标排名情况**

| 年份＼指标 | 营商环境（世界排名） | 开办企业 | 申请建筑许可 | 获得电力供应 | 注册财产 | 获得信贷 | 投资者保护 | 缴纳税款 | 跨境贸易 | 合同执行 | 办理破产 | 雇佣员工 |
|---|---|---|---|---|---|---|---|---|---|---|---|---|
| 2013 | 91 | 151 | 181 | 114 | 44 | 70 | 100 | 122 | 68 | 19 | 82 | — |
| 2012 | 91 | 153 | 181 | 113 | 41 | 67 | 98 | 118 | 60 | 20 | 78 | — |
| 2011 | 79 | 151 | 181 | — | 38 | 65 | 93 | 114 | 50 | 15 | 68 | — |
| 2010 | 89 | 151 | 180 | — | 32 | 61 | 93 | 130 | 44 | 18 | 65 | 140 |
| 2009 | 83 | 151 | 176 | — | 30 | 59 | 88 | 132 | 48 | 18 | 62 | 111 |
| 2008 | 83 | 135 | 175 | — | 29 | 84 | 83 | 168 | 42 | 20 | 57 | 86 |
| 2007 | 93 | 128 | 153 | — | 21 | 101 | 83 | 168 | 38 | 63 | 75 | 78 |

注：每一年度的排名都是对上一年里企业营商环境的总结。

资料来源：Doing Business Report 2007-2013，The World Bank Report。根据世界银行不同年份报告整理。

表 6-15　俄罗斯各年度企业营商环境总体及各项详细指标排名情况

| 指标<br>年份 | 营商环境（世界排名） | 开办企业 | 申请建筑许可 | 获得电力供应 | 注册财产 | 获得信贷 | 投资者保护 | 缴纳税款 | 跨境贸易 | 合同执行 | 办理破产 | 雇佣员工 |
|---|---|---|---|---|---|---|---|---|---|---|---|---|
| 2013 | 112 | 101 | 178 | 184 | 46 | 104 | 117 | 64 | 162 | 11 | 53 | — |
| 2012 | 118 | 105 | 180 | 184 | 45 | 97 | 114 | 94 | 161 | 12 | 61 | — |
| 2011 | 123 | 108 | 182 | — | 51 | 89 | 93 | 105 | 162 | 18 | 103 | — |
| 2010 | 120 | 106 | 182 | — | 45 | 87 | 93 | 103 | 162 | 19 | 92 | 109 |
| 2009 | 120 | 65 | 180 | — | 49 | 109 | 88 | 134 | 161 | 18 | 89 | 101 |
| 2008 | 106 | 50 | 177 | — | 45 | 84 | 83 | 130 | 155 | 19 | 80 | 101 |
| 2007 | 96 | 33 | 163 | — | 44 | 159 | 60 | 98 | 143 | 25 | 81 | 87 |

注：每一年度的排名都是对上一年里企业营商环境的总结。

资料来源：Doing Business Report 2007-2013，The World Bank Report。根据世界银行不同年份报告整理。

### 6.1.3　上合组织各国投资便利化制约因素

在上海合作组织成员国间依然存在严重的投资壁垒，尤其是中亚国家和俄罗斯的投资环境仍然欠佳，中亚国家外商投资环境中的风险问题仍不容忽视。其中，中亚国家外商投资法律、相关政策呈现多变、不稳定和立法过程不透明等特点，使外国投资者不得不时刻提高警惕。成员国中盛行的官僚主义作风，办事效率低下等问题也加大了外国投资者的运营成本。特别是中亚多数国家是恐怖活动高发地，这些都严重阻碍了上合组织投资便利化的进程。下面重点以俄罗斯和中亚经济发展较快的哈萨克斯坦为例进行分析。

（1）法律法规不够健全、政策法规多变

政策制定和执行的随意性制约其他国家对该区域的投资。在哈萨克斯坦，政府经常毫无理由地拒绝给公司经理人员和技术人员发放签证，或者只提供短暂的停留期限，这给外国投资企业的生产经营带来了不利的影响。在俄罗斯,关于外国投资的立法长期滞后,直到1999年7月才颁布新的《俄联邦外国投资法》。再加上各成员国对外国投资商的优惠政策不够明确,给引进外资造成了巨大的困难。

(2)投资壁垒高

俄罗斯现行的投资管理制度对外国投资造成了障碍。例如,1999年出台的《外国投资法》规定,在涉及维护宪法制度原则、道德及保护他人健康、维护他人权利和合法利益、保证国家安全等情况下,俄罗斯相关部门可以不给予外资企业国民待遇。这条原则也成为俄罗斯拿来限制和禁止外国投资企业的依据,也因此出现不少损害相关外资企业投资利益的情况。俄罗斯政府还要求外国企业在俄罗斯境内每增设一家分支机构,都必须重新登记注册,这给外国企业的经营带来很大的不便和额外的费用支出。俄罗斯对重要的、具有战略意义的产业制定了较为严格的限制措施,一些项目需要政府审批,有的甚至需要总统审批。俄罗斯还明确规定外国投资者不得进入武器生产、核材料生产、海洋渔港水利设施建设、卫生防疫、战略矿藏的开发等俄罗斯战略性产业。对允许外资进入的部分产业,如电信业、白酒业、航空业和银行业等,俄罗斯也保留了各种限制。由于这些政策的限制,中国和其他成员国的一些优势企业迟迟不能进入俄罗斯市场进行投资和发展,严重阻碍的上合组织区域投资便利化进程。

哈萨克斯坦在各领域均实行了严重的投资壁垒,主要表现为:①哈萨克斯坦规定,经营电视和无线广播、规划设计、国家及国际通信干线的建设,通信网和通信线路的技术维护等项目以及通信领域其他项目的生产和服务时,必须获得哈萨克斯坦政府的许可。哈萨克斯坦政府在处理外国投资者的许可申请时,可以以维护国家安全的名义予以拒绝。这一做法不仅限制性强而且随意性较大,增加了外资进入哈萨克斯坦通信领域的难度。②哈萨克斯坦《建筑法》规定,外国投资者可以以合资企业的形式进入哈萨克斯坦建筑业,但外资在建筑合资企业中的持股比例不得超过49%。如果一个100%外资控股的哈萨克斯坦本地企业作为一个主体参与建筑合资企业，则外资持股比例可以超过49%。哈萨克斯坦对外资股权限制不利于外资进入其建筑业。③哈萨克斯坦规定，外资银行的资本份额不得超过国内所有银行总资本的25%。此外，哈萨克斯坦还规定外资银行的监事会中必须至少有1名具有3年以上银行工作经验的本国公民，并且必须有至少70%以上的员工为哈萨克斯坦公民。哈萨克斯坦对外资参股银行的持股比例限制和员工结构限制阻碍了国外银行资本的进入。④哈萨克斯坦规定，所有合资非人寿保险公司的总资本份额不得超过哈萨克斯坦国内非人寿保险市场总资本的25%；合资人寿保险公司的总资本份额不得超过人寿保险市场总资本的50%。这一规定实质上禁止了后期进入哈国内保险市场的其他外国保险公司的投资。[①] ⑤哈萨克斯坦2005年修改的《矿产法》规定，企业在准备转让矿产开发权、直接收购或出卖哈萨克斯坦石油公司股份时，需要到哈能源和矿产资源部审批，而哈能源和矿产资源部在发放许可证时享有很大的自由裁量权。企业在准备转让矿产开发权或出卖股份时，哈萨克斯坦能源和矿产资源部有权拒绝发放许可证。同时，国家不仅可以优先购买矿产开发企业所转让的开发权或股份，还可以优先购买能对该企业直接或间接做出决策影响的企业所转让的开发权或股份。该规定迫使中国石油天然气集团公司将已经收购的股权转让给哈萨克斯坦国有石油公司，并同意与其在对等条件下联合管理PK公司奇姆肯特炼厂和成品油业务。2006年11月，中国中信集团在收购加拿大内森斯能源在哈萨克斯坦的石油资产时，哈方以同样的理由要求中信集团暂停收购。中方认为，哈萨克斯坦的上述做法损害了中国企业的投资利益，也对外国投资者进入和退出哈萨克斯坦矿业，尤其是收购哈萨克斯坦国内矿产

---

① 参见《对外投资国别产业指引(2011年版)》，http://news.xinhuanet.com/ziliao/2011-09/08/c_121999909.htm。

企业构成了实质性障碍。[①] 哈萨克斯坦《矿产法》还规定，对采矿企业以浮动费率的方式征收矿费，矿费率按照年开采量的增加而逐级递增。此外，哈国《税法》还规定了超额利润税征收办法，将超额利润税税率由原来的4%～30%提高到15%～60%。许多投资者反映，上述新规定使地下资源利用者处境恶化，增加了投资者的税费负担，降低了投资者的收益率，从而极大地影响了投资者的投资意愿。[②]

(3)政府腐败滋生、政治风险加大

政府腐败、收受贿赂是影响一个国家投资环境最重要的负面因素之一。根据“透明国际”(Transparency International)对163个国家的调查显示，哈萨克斯坦在收受贿赂方面排名第111位，指数得分为2.6分(满分为10分)。目前困扰哈萨克斯坦外资增长的主要因素包括：许可证发放、税费因素、腐败行为、强力攫取、专业劳动力的匮乏和尚待改进的基础设施。同样，在俄罗斯投资存在政治干预风险和严重的腐败。而且，俄罗斯严重和普遍的腐败现象短期内难有明显改善。在2010年“透明国际”的清廉指数排名中，俄罗斯在180多个国家和地区中排在第154位。[③] 根据俄新网新闻报道，2011年梅德韦杰夫总统在反腐败委员会会议上指出：“护法机关的这种犯罪令人沮丧，也非常危险。三成的犯罪率出自护法机关，太糟糕了！这表明，护法机关的腐败程度不亚于政府部门。”[①]另外，中亚某些国家政局动荡对投资政策的延续性可能产生极大影响，如吉尔吉斯斯坦政局在2010年4月再度发生激变，国家最高领导权力以非正常方式更迭，总统制被议会制取代，这也在一定程度上不仅影响了经济增长，更对国家投资环境产

① 参见崔炳强：《哈萨克斯坦投资环境略析》，http://www.studa.net/guojimaoyi/090112/11122326.html.

② 参见《哈萨克斯坦投资与经贸风险分析报告》，http://wenku.baidu.com/link?url=3zZJesMdSqjyopnW3xNV9rvwVXQU1R8AW0kCgRmrDzrcmxsOKbq_6lmlCwXLtzy9gTwSvM1HtIZLQCMS45vtIay3l53_A8S-yMkBk-pfXGu。

③ 参见李福川：《俄罗斯外资环境分析》，《俄罗斯东欧中亚市场》2012年第5期。

① 俄新网，莫斯科2011年1月13日电[DB/OL]，http://rusnews.cn/eguoxinwen/.

生了极坏的影响。

(4)经济领域犯罪活动猖獗

据统计,俄罗斯全国有四万多家公司和银行受黑手党控制,这些不法分子与官僚相互勾结、偷逃税款、牟取暴利,极大地挫伤了投资者的积极性。此外,税制不健全、税费种类繁多和企业管理落后等问题使企业的税务负担沉重,严重影响了投资的便利化。

## 6.2 成员国投资需求与吸引外资政策

### 6.2.1 成员国投资需求分析

(1)中国的投资需求激增

2010年,中国完成了国民经济和社会发展"十一五"规划的基本任务,并启动了"十二五"规划的制定。"十一五"时期,中国经历了金融危机的冲击,整体经济保持了平稳快速的发展态势。这一时期,国内生产总值达到39.8亿万元,跃居世界第二位,年均增长11.2%。"十二五"是中国全面建设小康社会的关键时期,经济社会将以科学发展为主题,以加快经济发展方式为主线,深化改革开放,保障和改善民生。投资快速增长是中国GDP持续走高的一个重要因素,2011年,投资对中国经济增长的贡献率为54.2%,超过消费和出口的拉动效应,从近年来的总体趋势分析,短期内中国仍旧是投资依赖型经济增长方式。为了保持经济的高速增长态势,中国的固定资产投资仍将保持扩大态势,吸引外资也将继续增加。中国需要为投资创造良好的外在环境,满足经济发展模式转变对资金的需求。但与此同时,随着中国人均国内生产总值的不断增长,中国也进入了对外直接投资的快速增长阶段。随着中国经济逐渐摆脱金融危机的影响,中国对外直接投资的增长速度必将大大超过国内吸引外资的速度。

(2)俄罗斯投资需求空间巨大

独立以来,为保障转轨的顺利进行,俄罗斯一直把引进外资作为对外经济政策的重要内容之一,但由于投资环境欠佳,成效并不显著。2008年以后,俄罗斯逐步落实全面现代化发展战略,作为一个潜力巨大的投资市场,国内资金远不能满足发展的需求。2008年,俄罗斯吸引外国直接投资达到历史最高水平,约为750亿美元,占GDP的4.5%。2009年,受金融危机影响,俄罗斯吸引外国直接投资规模大幅下滑,全年仅为365亿美元。2010年,随着经济复苏,俄罗斯吸引外资规模逐渐扩大。2011年以来俄罗斯投资市场出现良好发展机遇,为投资需求创造了巨大空间。其一,2012年,APEC会议在俄罗斯远东城市海参崴举行,俄罗斯为此投资61亿美元进行大桥、铁路等基础设施建设;其二,俄罗斯"远东开发规划"与中国"振兴东北老工业基地"对接已经到了实施阶段,俄石油天然气管道建设也在逐步完善过程中;其三,2014年俄罗斯城市索契将举办世界冬奥会,为此俄罗斯将投资建设相关场馆及配套设施;其四,俄罗斯政府大力改善民生,推动住宅建设,房地产出现热潮;其五,2012年8月22日,俄罗斯正式成为世界贸易组织第156个成员。"入世"不仅使俄市场准入门槛降低和贸易条件改善,更使外资进入俄市场更加方便和快捷。

根据俄联邦财政部估算,在今后的20～25年间,俄罗斯至少需要2.5万亿美元的投资,即平均每年至少需要1000亿美元的投资,其中1/3来自国外。也就是说,俄罗斯平均每年至少需要250亿美元的外国投资。[①] 外商对俄罗斯直接投资的主要领域包括能源(石油、天然气)、冶金、机器制造和金属加工业、有色金属工业、化学和石化工业、林业、纸浆造纸和木材加工、通信业、食品加工业和商业等。其中,俄罗斯90%以上的外资需求集中在批发及零售贸易、生产加工、交通通

① 参见宋魁等:《俄罗斯投资环境分析》,《俄罗斯中亚东欧市场》2011年第8期。

信、矿产资源开发和不动产交易五个行业。[①]

(3)中亚国家投资潜力巨大,引资能力不断增强

中亚国家目前国内经济形势基本稳定且日趋向好,这为引资创造了良好的环境基础。例如,塔吉克斯坦受全球经济复苏和国内各种利好因素的刺激,2010 年经济开始出现显著好转,经济增速在独联体国家名列前茅,增长率达 6.5%。乌兹别克斯坦 2010 年宏观经济形势良好,国内生产总值为 923 亿美元,经济增长率为 8.5%。中亚成员国复苏向好的经济状况引致国内更大的投资需求空间,而中亚本身丰富的能源和资源开发也需要吸引大量的外商投资。根据联合国贸发会议资料显示,1992～2007 年平均每年流入哈萨克斯坦的外资为 24.68 亿美元,2007 年哈国吸引外资 102 亿美元。[②] 相比哈国,塔吉克斯坦、乌兹别克斯坦、吉尔吉斯斯坦吸引外资的能力较弱。随着中亚地区社会政治环境趋于稳定,乌兹别克斯坦、吉尔吉斯斯坦等国家吸引外资的能力将会不断增强。

以乌兹别克斯坦为例,该国油气勘探开发、生产企业改造和技术装备更新需要大量的外部资金支持。在油气田勘探领域,为了加快勘探开发工作,不断增加探明储量,乌兹别克斯坦正在积极地吸引外商投资。目前,共有 41 家外国公司进入其油气田勘探开发领域。同时,由于尚未发现新的大型油田,乌正努力借助国外公司的技术力量,积极开展对老油田的深度开发。为此,乌兹别克斯坦向包括俄罗斯公司在内的外国公司开放了老油井的深度开发权,预计这一市场每年的利润额将达数亿美元。2008 年俄罗斯海外石油开发公司与乌方签订服务合同,对布哈拉—西维因油气产区的油井进行强化开采。

在生产企业改造和技术装备更新方面,从 2008～2011 年,乌为实

---

① 参见《2012～2016 年俄罗斯投资环境分析及前景预测报告》,http://ocn.com.cn/services/buy.html? id=bd667367f07b7ea7。

② 参见秦放鸣:《中国与中亚国家区域经济合作发展与评价》,科学出版社 2010 年版,第 51 页。

施企业改造需吸引外资30亿美元，投资市场空间达60亿美元。2010年，乌吸引外资29.85亿美元，实施项目99个。2011年乌吸引外资30.13亿美元，实施项目113个。其中，接受乌政府担保的外国贷款8.01亿美元，实施项目42个；吸引外国直接投资22.12亿美元，实施项目71个。燃料动力领域吸引外资19.25亿美元，实施项目30个。其中，18.45亿美元为外国直接投资，实施油气项目26个。俄罗斯鲁克石油公司投资8.27亿美元实施总投资为43亿美元的USTIURT和南GISSAR油气区块开发项目；中石油投资4.82亿美元建设中亚—中国天然气管道C线项目（管道总投资29.8亿美元）；马来西亚国家石油公司投资8000万美元实施总投资20.7亿美元的苏尔汉河州油气区块开发项目；韩国KOGAS财团投资4.44亿美元实施总投资35亿美元的USTIURT石化综合体建设项目。电信领域UZDUNROBITA和UNITEL公司计划为改造电信网投资1200万美元，COSCOM公司投资4400万美元。纺织领域引资1.17亿美元，实施总投资为5.4亿美元的11个项目。运输领域引资1.62亿美元，乌兹别克民航公司吸引外国贷款1.5亿美元购买西方公司生产的新型飞机。建材领域，由德国KNAUF公司投资4800万美元在布哈拉州建设石膏板厂；哈萨克斯坦里海资源公司投资5870万美元对BEKABADCEMENT水泥厂实施改造。社会领域引资1.27亿美元，以国际金融机构优惠贷款为主，建设学校、医院、康复中心等并配备必要设备。总之，乌兹别克斯坦具有很大的投资潜力。在2012～2015年内，为保障加工领域生产企业加快改造和技术装备更新，乌每年需要引进20亿美元的资金。[①]

① 参见《乌兹别克斯坦斯坦市场和投资需求》，http://finance.ifeng.com/roll/20111004/4743542.shtml。

### 6.2.2 成员国吸引外资政策

(1)中国吸引外资的法律与政策

①吸引外资的法律基础及修订

早在20世纪70年代末到80年代这一时期,中国颁布了一大批涉外经济法规,即《中华人民共和国中外合资经营企业法》(1979年)、《中华人民共和国外资企业法》(1986年)和《中华人民共和国中外合作经营企业法》(1988年)。为适应世界贸易组织的要求,中国先后多次对上述法规做了修订,进一步规范了对外商投资企业的管理。2000年和2001年对有关外资企业法规的修订版成为目前指中国利用外资的重要法律基础。《中华人民共和国外资企业法》(2000年修订版)、《中华人民共和国中外合作经营企业法》(2000年修订版)和《中华人民共和国中外合资经营企业法》(2001年修订版)的通过,放宽了对设立外资企业的限制,外资企业可以在国内市场或者国际市场购买批准经营所需的原材料和燃料,同时也放宽了对外国投资者以机器设备作价出资的限制,加强了对外资企业知识产权的保护。

加入世界贸易组织后,中国政府出台了一批新的涉外经济法律法规以及相应的政策。2003年商务部将有关外商投资性公司的规定加以整合,发布了《关于外商投资举办投资性公司的规定》(简称22号令),这对于跨国公司在华管理结构调整意义重大。为进一步扩大对外开放,完善市场流通体系的建设,根据《中华人民共和国中外合资经营企业法》《中华人民共和国中外合作经营企业法》《中华人民共和国外资企业法》及《公司法》等法律、行政法规的规定,2004年4月中国制定了《外商投资商业领域管理办法》。[①] 为了进一步完善投资性公司的功能,给予投资性公司更多的优惠,2006年5月商务部发布了《关于外

① 参见《外商投资商业领域管理办法》,http://www.law-lib.com/law/law_view.asp? id=82694。

商投资举办投资性公司的补充规定》(简称《补充规定》),《补充规定》对于22号令的限制进行了放松或取消,给予外商投资性公司更大、更多的优惠政策,以区别于2004年《外商投资商业领域管理办法》中有关外国投资者要获得的优惠政策。《补充规定》将投资性公司可以从事的业务范围进一步扩大,如:投资性公司可以承接境外公司的服务外包业务;投资性公司可以从事佣金代理(拍卖除外),投资性公司可以以批发方式在国内销售其进口及在国内采购的商品,并办理经营范围增加的手续;投资性公司可以根据国家有关规定对上市公司进行战略投资,投资性公司应视为股份有限公司境外股东;符合条件的投资性公司在其所投资企业投产前或其所投资企业新产品投产前,为进行产品市场开发,不仅可进口母公司的产品在国内试销,还可进口其他公司的产品在国内试销,并可以委托境内其他企业生产/加工其产品或者其母公司的产品并在国内进行销售;被认定为地区总部的投资公司经商务部的批准还可以从事经营性租赁和融资租赁业务。

此外,为了进一步规范对外商投资企业的管理,中国还规范了外资企业用工制度并调整了税收优惠政策。2007年6月全国人大通过了《中华人民共和国劳动合同法》,该法与1994年8月颁布的《外商投资企业劳动管理规定》相比,进一步规范了外商投资企业的一系列用工制度,加大了对劳动者的保护力度。在税收政策方面,统一内外资企业所得税,加快了以实现国民待遇为主要方向的外资政策调整的步伐。其实,早在1995年底《中共中央关于制定国民经济和社会发展"九五"计划和2012年远景目标的建议》中就已经正式提出了"对外商投资企业逐步实行国民待遇"的政策目标。2008年1月《中华人民共和国企业所得税法》正式实行,该法律结束了中国内外资企业税收有别的历史,优惠政策体现出明显的引导性,在高新技术企业、创业投资企业、注重环境保护、国家重点扶植公共基础设施项目突出了税收差异。如创业投资企业从事国家需要重点扶持和鼓励的创业投资,可以按投资额的一定比例抵扣应纳税所得额。

②加强对外商投资产业领域的引导

鼓励外商投资创业投资企业。2001年中国发布了《关于设立外商投资创业企业的暂行规定》，标志着中国政府开始鼓励外商投资创业投资企业。2003年发布的《外商投资创业投资企业管理规定》进一步完善了中国的创业投资机制。2008年中国对外商投资创业投资企业规定了相应的税收优惠。

2006年11月国家发展改革委公布了《利用外资“十一五”规划》。这是中国首次公开利用外资规划，中国进入了挑选外资的阶段。为鼓励外商投资进入有利于中国产业结构优化的领域，2003年我国政府发布了《鼓励外商投资高新技术产品目录》，2006年颁布了《中国鼓励引进技术目录》，并于2007年11月修订后的《外商投资产业指导目录》（2002年3月、2004年11月都进行了修订）中将现代农业、高新技术产业、现代服务业、高端制造环节和基础设施列入了鼓励类，同时将发展循环经济、清洁生产、可再生能源和生态环境保护以及资源综合利用产业列入了鼓励类，并都规定了国家重点扶植产业所享受的优惠政策。

③加强对外商投资额的区域引导

20世纪90年代末以来，中国政府加强了对外商投资额的区域引导，即对外商投资的优惠政策从相对集中于东部沿海地区转移到中西部地区。1999年12月，国家税务总局发布了《关于实施对设在中西部地区的外商投资企业给予三年减按15％税率征收企业所得税的优惠的通知》，2000年6月中国政府调整并适当扩大了《中西部地区外商投资优势产业目录》，2002年公布的中国《指导外商投资方向的规定》和2007年新修订的《外商投资产业指导目录》着力落实了西部大开发外资优惠政策。中西部开发以及出口型的项目被列入鼓励类和允许类，并享受相应政策。目前鼓励外商到中西部地区投资的政策主要包括：适当放宽中西部地区服务业吸收外资条件；推动设立中西部地区吸收外资项目前期基金；放宽对西部地区外商投资项目的国内融资条件；

促进沿海外商投资企业向中西部地区再投资;鼓励外资参与西气东输、西电东送及其配套项目等基础设施建设。[①]

(2)俄罗斯吸引外资的政策

①吸引外资的法律基础

1991 年 9 月 1 日,第一部《俄联邦外国投资法》的颁布实施以法律形式规定了外国投资者在俄罗斯进行投资享有的权利和优惠条件。1999 年 7 月 9 日,新《俄联邦外国投资法》颁布,并给予了外国投资者国民待遇及保障外国投资者的权益。此后颁布的《俄联邦产品分成协议法》对吸引外国投资者进入远东和西伯利亚自然资源领域加大投资力度发挥了重要作用。2000 年 1 月 2 日,在第 20 号联邦法律修改和补充的基础上形成了《俄罗斯联邦矿产资源法》的新版本。该部法更符合市场经济的要求,在很大程度上改变了原来矿产所有者和使用者之间的法律关系模式,同时规定在合同有效的条件下,国家不能单方面撕毁合同,如双方出现纠纷须通过法院解决。2010 年 2 月,时任俄罗斯总统梅德韦杰夫表示,完善俄罗斯司法制度对于营造有利的投资环境具有决定意义。

②制定吸引外资的优惠政策

俄罗斯新采取的促进投资措施包括:重建和完善税费制度;实行进口关税优惠政策,尤其是对国外先进技术设备的引进实行关税优惠;对部分机械设备及其零部件进口免征进口增值税。自 2009 年 7 月 1 日起,用于木材深加工、汽车工业、医药业和石油、天然气部门的技术设备等俄罗斯国内不生产的技术设备进口均可免征进口环节增值税。自 2007 年 1 月 1 日起,取消对出口商所得外汇款项的强制性结汇政策,将北部大陆架、亚速海、里海、涅涅茨自治区以及位于亚马尔—涅涅茨自治区内的亚马尔半岛矿产开采税率降为零;根据相关政

---

① 参见吴波、傅志明:《我国吸引外资的政策选择和效果分析》,《经济问题探索》2009 年第 6 期。

策，地方政府在税收上对外国投资者应给予优惠。

搭建吸引外资的平台，使外商在其中可以享受到特别的优惠政策，主要措施包括：组建俄联邦投资基金（投资国家项目）、发展对外经济活动银行（吸引外资）、建立俄罗斯创业公司（吸纳私人创业基金）、高新技术园区（支持高新技术产品生产商）和经济特区（包括工业生产、技术研发、旅游休闲、港口等 4 种类型）等。对从事加工业和高新技术产业的外国企业给予保税区和出口加工区的优惠政策和海关政策。2011 年 3 月，俄罗斯政府决定进一步加快经济特区的建设，在海关和税收方面提供了一系列优惠政策，包括免交财产和土地税，降低利润税和社保基金费用，以及进口到园区的商品免交关税和增值税等。此外，俄罗斯各地区还会根据本地实际情况，提供不同的减免税优惠政策。

2010 年 11 月，俄总理普京表示，俄罗斯将简化外国投资者收购俄战略企业股权的程序。目前，俄政府已经简化了吸引高技术人才的程序，为他们在最短期限内发放工作许可证，而且不需要配额。2011 年上半年，俄罗斯政府提出了针对 2008 年第 57 号法律《对外国投资对俄罗斯国防和国家安全有战略意义的企业的管理办法》的修正案。目前国家杜马已通过一读审议。修正案的主要内容是：消除针对外国资本购买俄罗斯银行股权、投资食品生产和服务领域时的多余的行政壁垒；将银行加密业务等部分经营内容从俄罗斯战略行业中剔除；放宽对在俄外资的管理，取消对外资的某些投资限制以及简化外资审批程序，尤其是简化对外资在俄战略企业股票增发过程中扩大投资（指持股总量变化，但不增加持股比例）的事先审批程序，同时，在审批外国投资俄战略企业时增加了俄罗斯国防部的认证意见。尽管俄罗斯政府提出了放松对外资限制的法案，但多属于象征性的或仅限于简化程序。

此外，为了完善吸引外资政策，保证政策的有效执行，俄罗斯还成立了相关职能部门。因此，一个新的部门——俄联邦经济发展和贸易部(现改名为“俄联邦经济发展部”)应运而生,作为负责吸引外资的主要政府部门之一,该部拥有俄联邦原独联体事务部、贸易部、经济部、北方事务委员会、外汇与出口管理委员会和体育运动与旅游事业部的部分职能。此外,俄罗斯各共和国和州政府的经济管理部门均设有对外经济联络部,这些联络部在吸引外国投资方面起到了巨大的作用。

③提升吸引外资的国际化程度

2010年,俄美、俄欧“入世”谈判取得重要进展,2011年12月16日俄罗斯正式加入世界贸易组织。俄放宽了大多数项目的准入限制,大大降低了关税,按照世界贸易组织规则修改了国内法律、法规和相关条例。同时,俄、白、哈三国关税同盟正式启动,这对于三国形成统一经济空间、实现经济一体化的目标具有重要意义。

为了更快地融入世界金融市场,俄罗斯大力实行金融自由化政策。在逐步开放本国金融市场允许外资进入的基础上,俄罗斯实行了外汇自由化并推行了卢布与美元的统一汇率和浮动汇率制度。在卢布与外汇的兑换方面基本上实现了没有限制,外资经营的合法利润和所得在汇往国外时也不受限制。同时,俄罗斯加快了与成员国间的本币结算的步伐。以中俄为例,自2010年11月22日起,中国外汇交易中心在银行间外汇市场开办人民币对俄罗斯卢布交易。2010年11月24日,中国总理温家宝和俄罗斯总理普京宣布,双方将用本国货币实现双边贸易结算。2010年12月,莫斯科银行间外汇交易所也开始进行人民币和卢布交易。

(3)哈萨克斯坦吸引外资的优惠政策

为了解决资金短缺问题,哈萨克斯坦政府采取了多种措施,积极吸引外商投资于本国经济,从而使外资在哈萨克斯坦经济发展中发挥了重要作用。

①颁布涉外投资的法律法规

哈萨克斯坦政府颁布了包括《哈萨克斯坦共和国投资法》《劳动力管理法》《出入境管理法》《工商登记法》《外汇调控法》以及《关于农业用地私有化面积的规定》等一系列涉及外国投资的法律,以及包括《国有企业法》《股份公司法》《有限和补充责任合伙公司法》《农业合伙公司及其协会(联合会)法》和《信贷公司法》等的用以调节企业活动的法规,为吸引外资奠定了法律基础。以《哈萨克斯坦共和国投资法》和《关于农业用地私有化面积的规定》为例,哈国做了如下努力:第一,2003年1月8日,哈萨克斯坦政府出台了《哈萨克斯坦共和国投资法》,其基本原则是对外资实施国民待遇原则。该法规定,鼓励外商投资哈萨克斯坦经济发展的优先领域,即农业、加工业、基础设施项目。对外资给予三种特惠政策,即减免税、免除关税、提供国家实物赠与。税务投资特惠期最长为5年。减免税的对象主要是财产税和利润税。免除关税的期限(含延长期)最长为5年,适用于投资项目所需设备的进口关税。国家实物赠与的内容包括财产所有权和土地使用权,价值不得超过总投资额的30%。为保护投资者的权益,哈萨克斯坦规定投资商可以自行支配税后收入,在哈萨克斯坦银行开立本外币账户,在实行国有化和收归国有时国家应赔偿投资商的损失等。有关投资纠纷可通过哈萨克斯坦法庭或国际仲裁法庭解决。第二,哈萨克斯坦政府制定《关于农业用地私有化面积的规定》的目的是鼓励外资对农业进行投资,促进农业用地的开发、利用,恢复严重落后的农业经济。该规定指出,外国人为在哈萨克斯坦从事商业性的农业生产可在有偿临时使用土地(租赁)权基础上使用土地。

②制定吸引外资的投资优惠政策

2003年5月,哈萨克斯坦政府重新确定了鼓励外商投资的优先领域及享受的优惠政策。主要优惠政策包括:免征所得税、社会税和土地税。其中所得税免征期限为盈利之日起5年,但不得超过合同签署后的8年。社会税和土地税的免税期限同投资额挂钩,优惠期从合同签署之日起算。与投资相关的设备和原料进口关税可全部或部分减免,具体由政府部门决定。[①]

③鼓励外商投资的领域和战略

哈萨克斯坦是油气、黑色和有色金属资源丰富的国家,因而油气、铁、铜、锌和黄金的勘探与开发是吸引外资的首选行业。除了能源和矿产资源以外,农业在哈萨克斯坦占据极为重要的地位,所以鼓励外商对农业进行投资也是主要的发展方向,其中包括矿物肥和农用机械的生产等。另外,与农业密切相关的农产品生产和食品加工业也是引进外资的主要方面,其中包括水果、蔬菜及各类罐头制品的生产。哈国政府除了继续加强原材料、农业领域的开发与投资外,早在2003年哈国政府就制定了《2003～2015年工业创新发展战略》,希望通过实施该战略,调整产业结构,发展加工工业和高科技产业的发展,逐步降低国民经济对原材料出口的依赖度。2004年,哈国政府进一步将建材生产、纺织业、冶金业、食品生产、能源机械制造、旅游业、运输业确定为优先发展领域。到2007年,哈国政府把继续实施国家经济现代化和多元化战略,大力发展交通、电力等基础设施建设作为年度经济工作的主要任务。2008年国际金融危机之后,哈萨克斯坦更加明确了经济结构多元化的发展方向。

近几年哈萨克斯坦政府立足于国内的资源禀赋和国家的经济发展战略,制定了明确的外国投资指导手册和实用的投资项目汇编,外商投资的领域有:农、林、矿业,食品加工和轻工纺织业,化工业,冶金工业,机械行业和汽车制造业,基础设施建设,交通运输,宾馆、餐饮服务业等。由于哈国的国民收入过分依赖石油、天然气等矿物产品的出口,资源开发依然是该国主要的外商投资领域。

但是,由于哈萨克斯坦根据本国经济发展的实际需要不断调整利

---

① 参见《哈萨克斯坦投资与经贸风险分析报告》, http://wenku.baidu.com/link?url=3zZJesMdSqjyopnW3xNV9rvwVXQU1R8AW0kCgRmrDzrcmxsOKbq_6lmlCwXLtzy9gTwSvM1HtIZLQCMS45vtIay3l53_A8S-yMkBk-pfXGu。

用外资的政策，导致政策环境多变，给外资的进入也带来诸多不便。2003 年通过的《投资法》就修改了一系列关于外资引入的政策，包括：新项目合同不再包含“祖父条款”，假如哈萨克斯坦政府禁止境外仲裁，则不接受国际仲裁结果等。2004 年，哈萨克斯坦政府规定国家有权购买矿产开发的优先权、将已私有化的公司收归国有，这一政策变化将极大限制外资进入哈萨克斯坦油气资源市场。

(4)吉尔吉斯斯坦吸引外资的优惠政策

①吸引外资的基础法律

吉尔吉斯斯坦于 1998 年加入世界贸易组织，并制定了一系列吸引外资的法律、法规和条例，主要包括《投资法》《对外活动基本法》《自由经济区法》《外国租赁经营法》《关于开办和注册外资企业、合资企业、国际联合体及组织的办法条例》《政府关于向外国投资者就地质勘探提供保证的决议》《土地法》《税法》《海关法》《公司法》《私有化法》《许可制度法》和《劳动法》等。吉尔吉斯斯坦《投资法》规定，吉尔吉斯斯坦对在其境内从事投资的外国投资人，在其经济活动领域实行与本国自然人和法人同等的国民待遇。

②制定优惠的政策措施

吉尔吉斯斯坦对投资性进口商品(如外资企业用于生产的机器设备)免征进口关税。同时，还制定了关于土地使用和租赁方面的优惠。吉尔吉斯斯坦《投资法》规定，投资人可按照吉尔吉斯共和国法定程序取得土地租赁权。[①]

③制定外商投资的法律保护机制

吉尔吉斯斯坦《投资法》规定了防止没收投资和赔偿投资人损失的保障措施：投资不得被没收(收归国有、征收或采取其他同样效果的措施，其中包括由于吉尔吉斯共和国国家职能部门的作为或不作为而

---

① 参见陈超、陈正、金玺：《吉尔吉斯斯坦主要矿产资源及矿业投资环境分析》，http://euroasia.cass.cn/news/471528.htm。

导致被强行没收或丧失对其投资成果的使用权),但不包括按照吉尔吉斯共和国法律程序规定,根据非歧视原则,在及时、适当、现实地赔偿损失的基础上,为满足社会需要而实施的没收行为;赔偿应切实执行,在各方商定的期限内以可自由兑换货币支付。此外,吉尔吉斯斯坦《投资法》第5节第1条规定,红利、利息或其他形式获得的投资利润等,投资人有权以可自由兑换货币形式自由汇出吉境外。

(5)塔吉克斯坦吸引外资的优惠政策

①完善了相关法律法规

塔吉克斯坦有关外商投资的法律法规有:《投资法》《对外经济活动法》《矿产投资法》《外汇调节和外汇管制法》《企业法》《租赁法》《土地法》《劳动管理法》《股份公司法》和《私有化法》等。其中,塔吉克斯坦《外商投资法》规定,在塔吉克斯坦共和国境内进行外国投资的法律待遇等同或优于塔吉克斯坦共和国公民、企业和组织进行产权投资的相应法律待遇。

②具体投资领域和项目的优惠措施

塔吉克斯坦《外商投资法》规定,如果外资投放于塔吉克斯坦共和国指定的地区而需要优先发展的经济部门,按有关法律规定,可以享受额外的税收优惠和其他优惠待遇。同时还制定了土地使用和租赁方面的优惠,塔吉克斯坦法律规定,外国投资者和外国投资企业依法可以在一定期限内使用(包括租赁)土地,土地使用期最长为10年。

③制定了外商投资的法律保护机制

塔吉克斯坦《投资法》规定了保障投资者财产被国有化与征用的权利,如:在发生自然灾害、事故、传染性疾病、流行病、动物流行病等特殊情况下,如果个人财产因社会需求而被征用,应依照有关法律规定给予同等价值的财产补偿;被征用财产的价值评估可诉诸法院;公民和法人的财产因国有化所造成损失,国家应依法赔偿;被国有化和被征用的投资财产,其赔偿额度应依据市场价格而定,并在双方同意的期限内以自由兑换货币进行;被国有化或被征用的投资财产,其赔偿额度可由投资者向塔吉克斯坦共和国法庭提出申诉，也可提交双方认可的国际法庭和国际仲裁法庭进行仲裁。① 此外，塔吉克斯坦《投资法》第7章第2条规定，投资者和外国工作人员有权将合法投资和经营中所得外币收入和工资汇出境外。

(6)乌兹别克斯坦吸引外资的优惠政策

①吸引外资的法律基础

独立后的乌兹别克斯坦开始大力发展经济，实行对外开放政策，并颁布了一系列鼓励外国投资的法律、法规及大量的有法律效力的总统令，如《外国投资法》《自由经济区法》《对外经济活动法》《税收法》《关税法》。其中，《外国投资法》《自由经济区法》和《对外经济活动法》为乌兹别克斯坦开展对外经济活动提供了重要的法律保证。同时，乌兹别克斯坦法律规定，对外国投资者的法律制度的规定不应严于对乌兹别克斯坦同类法人和自然人的有关制度的规定。

②制定优惠的政策措施

税收体系不断完善，法人和自然人的税务负担不断减轻。乌兹别克斯坦于1996年11月颁布的《关于刺激外国投资并向其提供优惠补充规定的总统令》规定：外国投资在投资基金中所占比例越大或投资数额越大，缴纳利润税率越低。当外资占投资基金的30%以上时，缴纳25%的利润税；外资占投资基金的50%以上且数额为50万～100万美元时，缴纳20%的利润税；超过100万美元按16%缴纳。生产出口产品或进口替代产品且所生产产品总额中儿童用品占25%以上的外资企业自生产之日起5年免征利润税，5年以后按现行税率的50%征税。如外资占投资基金的50%以上时，2年免征利润税。同时，乌兹别克斯坦将利润税率从2005年的15%降低到2008年的10%；统一社会税率从2004年的33%降低到2007年的24%；中小企业应缴纳的

① 参见《塔吉克斯坦共和国投资法》，http://unn.people.com.cn/GB/135874/8190959.html。

统一税率从2005年的13%降低到2007年的8%。[①]

对从事生产活动的外资企业自其注册之日起两年内免征土地税。在建材生产企业享受的行业优惠表现为：自2006年1月1日起，为完成乌总统2005年3月24日第3586号命令规定的任务，乌兹别克斯坦建筑材料股份公司所属企业进口乌本国不能生产的设备及其辅助材料免缴海关关税（报关手续费除外）；对再次投入使用的新技术设备5年内免征财产税。此外，外国投资投向生产领域，乌政府提供的税收优惠包括根据投资数额降低税率或在7年内对投资者免征所得税、增值税以及技术设备进口关税，在一定时期内免征土地税，对出口企业给予一系列优惠等。根据2007年3月24日乌总统令，为促进生产企业改造，重新装备新设备和新工艺，在3年内将税收基数降低到引进新设备、新工艺前的水平，并在新设备运转后的5年内免除财产税。[②]

③具体投资领域、地区和项目上的特别税收优惠

乌兹别克斯坦于2005年4月11日颁布的《关于鼓励吸引私人外商直接投资的补充措施的总统令》规定，自2005年7月1日起，根据3种投资规模的不同，分别免除私人外商投资企业的利润税、财产税、社会基础设施发展税、环保税、小型企业统一税及交通基金费：投资规模在30万～300万美元之间的，免税3年；在300万～1000万美元之间的，免税5年；超过1000万美元的，免税7年。[③] 享受上述免税待遇的企业须符合以下条件：其一，应设立在劳动力过剩的地区，包括卡拉卡尔巴克斯坦共和国、吉扎克州、卡什卡达利亚州、锡尔州、苏罕达利亚州、花拉子模州、纳瓦伊州、安集延州、纳玛干州和费尔干纳州的农

---

① 参见《乌兹别克市场和投资需求》[DB/OL]. http://finance.ifeng.com/roll/20111004/4743542.shtml.

② 参见《乌兹别克市场和投资需求》[DB/OL]. http://finance.ifeng.com/roll/20111004/4743542.shtml.

③ 参见《乌兹别克通过〈关于鼓励吸引私人外商直接投资的补充措施〉》，http://www.crc.mofcom.gov.cn/crweb/scoc/info/Article.jsp? a_no=8736&col_no=48。

村地区；其二，乌兹别克斯坦政府不提供担保；其三，外商投资不低于固定资本投资的50%；其四，企业完成登记注册后即投入外资；其五，外资以自由可兑换货币或以新的现代化设备的形式注入；其六，在税收优惠期限内所获得的收入应为企业进一步发展再次投入。[①]

总的来看，第一，上海合作组织国家外商投资法律体系正在逐步健全。各成员国相继出台、修正了多部有关保护外国投资者利益、促进经济发展的法律、法规，通过放开投资领域、降低准入门槛，为发展外向型经济和合作经济创造了良好的政策环境。随着国民经济的发展，外商在成员国的超国民待遇逐步废除，内资企业与外资企业在法律上逐步实现平等。如哈萨克斯坦、吉尔吉斯斯坦和塔吉克斯坦先后废除《外国投资法》，实行统一的《投资法》。第二，对于外商投资的税收政策将日趋成熟。为吸引或刺激外国直接投资，大多采取了从轻的税收优惠政策，并将其纳入外资法的调整范围。同时，中国与大多数上合组织成员国签订了《避免双重征税的协定》，这为区域投资便利化创造了良好的条件。第三，成员国逐步放宽在外商投资比例和领域上的限制。各国为了实施国家经济现代化和多元化的发展战略，提高国家的整体竞争力，一般都鼓励外资进入新兴产业、高科技产业和需要、扩大出口的行业，尤其是俄罗斯、中亚等国家鼓励外资进入大型能源、原材料项目勘探开发以及能源管道的建设项目，鼓励外资投资于交通、电力等基础设施的建设和改造工作。值得关注的是，2012年俄罗斯正式加入世界贸易组织，根据“入世”文本中与贸易有关的投资措施协议，俄罗斯承诺多达57项货物的准入协定并放宽了包括金融、服务业等在内的多数投资领域，在协定承诺下，俄平均关税总水平将由目前的10%下降至7.8%。另外，俄罗斯承诺所有涉及该协议的国内法律、法规和条例将与世界贸易组织规则保持一致，且在加入世界贸易

① 参见王磊：《中亚国家外商投资法律环境研究》，http://agifcal.xjnu.edu.cn/s/113/t/104/68/85/info26757.htm。

组织后不设立新的与世界贸易组织规则相抵触的投资法律、法规和条例①,这对推动上合组织区域投资便利化具有重要意义。

## 6.3 交通运输领域的投资合作

### 6.3.1 上海合作组织框架下交通运输合作的重要意义

交通运输领域合作一直是上海合作组织区域合作的重点,在《上海合作组织成立宣言》《上海合作组织宪章》《上海合作组织成员国政府间关于区域经济合作的基本目标和方向及启动贸易和投资便利化进程的备忘录》和《上海合作组织成员国多边经贸合作纲要》中,都将交通合作列为重点合作领域。在交通合作机制上,上海合作组织建立了交通部长会议机制,签署了多项道路运输协定。总体来看,各成员国之间的交通运输合作极大地促进了各国经济的发展,反过来,大量投资建设的交通运输基础设施又会促进经济交流和贸易的便利化。

第一,上海合作组织区域内的有利条件将促进各国之间交通运输合作的发展,并发掘各国的交通运输潜力和提高经济技术水平,从而推进区域贸易投资便利化。上海合作组织成员国彼此之间有着良好稳定的政治外交关系,这为各国之间的交通运输合作提供了有利的政治环境。同时,中国与俄罗斯、中亚地处欧亚连接带,是欧亚大陆联系的桥梁和纽带,具有重要的区位优势。随着欧亚贸易的发展,这一地区的区位优势将得到进一步发挥,交通需求将进一步扩大,并将推动成员国实施更广泛的交通合作。资源和产业结构的互补性是各成员国开展经济合作的基础,这必将产生巨大的交通合作需求。同时,经济技术合作潜力的发挥也将促进成员国广泛开展交通领域的合作。

① 参见穆瑞:《俄罗斯正式加入WTO,中国企业迎来投资新机遇》,http://money.163.com/12/0827/23/89UUJJ1G00252G50.html。

在上合组织成员国中，中国的交通集团公司和相关专业咨询机构积累了大量交通基础设施规划、研究和建设的经验，在资金、人才和技术上相对于中亚和俄罗斯等国家具有明显的优势。挖掘各国在经济技术合作上的潜力将为密切经济联系、广泛开展经贸合作，在平等互利基础上促进区域交通合作的进一步开展提供更加便利的条件。上海合作组织各国交通运输合作发展，也必将加快各国加入世界经济一体化的进程。

第二，旅游资源整合开发不仅对交通合作线路提出新的要求，更为交通运输合作带来新的机遇。伴随着中国与中亚国家加紧完善对接旅游市场的交通网络，上海合作组织区域内交通运输环境将得到极大改善，这会大大推进区域内旅游服务贸易的发展。

第三，只有在更高水平上的交通运输合作，才能尽快实现贸易投资便利化，从而为实现区域内货物、资本、服务和技术的自由流动提供有利条件，实现上海合作组织自由贸易区的长远发展目标。建立自由贸易区需要实现商品和资金的自由流动，消除彼此间的障碍，创造贸易便利化的环境，形成多边贸易合作的高级形式。这对区域交通运输网络的构建、交通运输组织、运输路线与运输方式衔接与协调等都提出了更高的要求，而只有在更高水平上的交通运输合作，才会极大推进自由贸易区的建设。总体来看，广泛开展区域交通运输合作，构建区域与世界主要资源消费地和产品生产基地的运输通道，消除跨境运输中的非物理障碍，促进便利化的经贸合作已成为区域合作的重要内容和关键环节。

### 6.3.2 上海合作组织成员国区域交通运输合作的现状

目前，上海合作组织各成员国已经建立了多层次的交通合作机制，同时签署了《上海合作组织成员国交通便利化协定》，为开展区域合作奠定了基础，也取得初步的成果。

(1)过境综合运输网络已经初步形成

在上海合作组织区域内,由公路、铁路、管道和航空组成的过境综合运输网络已经初步形成,其中公路和铁路在综合运输网络中占有重要地位。

①公路建设成果显著

近年来,各成员国充分利用上合组织平台,通过中方无偿援助、优惠买方信贷、国际金融组织贷款和资源换项目等多种融资合作模式推进了一系列公路合作项目。目前已经建成了横贯中国的东、中、西部,与哈萨克斯坦、吉尔吉斯斯坦和塔吉克斯坦等中亚欧洲 E40 号公路相连,形成到达欧洲和大西洋的公路大通道——新亚欧大陆桥。在中国境内以连云港—霍尔果斯国道主干线为主要公路通道,已经全线贯通,公路等级也显著提高。中国与中亚国家开通多条汽车运输线路,促进了经贸交流和跨境人员往来。中国新疆与中亚国家的哈萨克斯坦、吉尔吉斯斯坦、塔吉克斯坦开展了双边汽车运输合作。在已经开通的路线中,比较重要的有乌鲁木齐—阿拉山口—塞米巴拉金斯克、乌鲁木齐—霍尔果斯—阿拉山口、喀什—吐尔尕特—比什凯克等。另外,在上合组织框架内,目前俄罗斯参与的多边合作项目主要是中—哈—俄(中国连云港—哈萨克斯坦—俄罗斯圣彼得堡,全长近 8500 公里,被称为欧亚运输走廊)、中—蒙—俄(中国新疆—蒙古阿尔泰—俄罗斯阿尔泰地区,全长近 300 公里,被称为“跨界公路交通运输走廊”)公路运输通道建设。其中,中—哈—俄公路在中国境内长度为 3425 公里,在哈萨克斯坦境内 2787 公里,在俄罗斯境内 2233 公里,计划 2018 年完工。2008 年 9 月 22 日,俄罗斯与哈萨克斯坦签署了建设连接欧洲西部和中国西部的交通走廊合作备忘录。俄罗斯境内路段的建设计划从 2012 年起开始该段的建设工作。此外,俄罗斯还准备研究加快改造跨欧亚大陆的 E40 公路俄罗斯段所存在的问题。[①]

②区域内铁路基础设施快速发展

新欧亚大陆桥铁路基本贯通，这条铁路东段连接东亚及东南亚诸国，中国段西从新疆阿拉山口处境连接哈萨克斯坦的德鲁日巴铁路通道进入中亚，西行至阿克斗卡后，分北、西、南三线接上欧洲铁路网通往欧洲。目前中国新疆境内正在开工建设数十条铁路。南疆铁路由吐鲁番分支，经库尔勒和阿克苏地区，连通至喀什，如果向西能与吉尔吉斯斯坦和塔吉克斯坦相通，将会成为中国南疆与中亚国家之间另一条国家铁路通道。近年来，随着兰新铁路和南疆、北疆铁路的相继建成和运营，新疆维吾尔自治区铁路运营里程已达 3000 公里。2009 年 10 月，精河—伊宁—霍尔果斯铁路贯通，加上中吉乌、中巴铁路的相继通车将使中国向西开放的通道更加便捷和畅快。2011 年底中国新疆与哈萨克斯坦铁路完成接轨，成为又一条连接中亚的铁路通道。未来中国与中亚国家铁路的建成将会改变中国整个西部的交通格局，并将完善新亚欧大陆桥南部通道，形成东亚、东南亚通往中亚、西亚和北非、南欧的便捷运输通道。[②] 另据中国路桥网报道，被称作“第三条亚欧大陆桥的渝新欧国际铁路”也于 2012 年 8 月 31 日正式开通运营，该条铁路从重庆西站始发，经西安、兰州、乌鲁木齐，从边境口岸新疆阿拉山口进入哈萨克斯坦，再经俄罗斯、白俄罗斯、波兰到达德国的杜伊斯堡，全程 1179 公里，为中国西部地区产品开辟了一条经铁路进入欧洲市场的黄金通道。[③]

---

① 参见柳玉鹏:《中哈俄公路 2018 年完工，打造连接欧亚的交通走廊》，http://news.job2299.com/? article-tid-216659。

② 参见《上合组织交通运输合作潜力巨大》，http://news.china.com.cn/rollnews/2012-06/06/content_14535798.htm。

③ 参见《渝新欧国际铁路大事记》，http://news.163.com/11/0801/03/7ABFM8U700014AED.html。

(2)中国与其他国家能源交通合作取得显著进展

中哈石油管道建设进展顺利，全长3000多公里，输油能力将达到2000万吨。另外，由土库曼斯坦—乌兹别克斯坦—哈萨克斯坦—中国的天然气管道已经于2009年年底建成通气。同时，中俄油气管道支线也开始通油。

(3)航空直达运输网络基本形成

中国与中亚国家的航空直达运输网络基本形成。中国已经开通至哈萨克斯坦的阿拉木图、乌兹别克斯坦的塔什干、吉尔吉斯斯坦的比什凯克、塔吉克斯坦的杜尚别的直达航线，2005年又开通了至土库曼斯坦首都阿什哈巴德的国家航线。至此，中国与中亚五国全部开通直达国家航线，且航班的密度在逐步加强，以此为契机，中国新疆的乌鲁木齐已成为连接中亚五国的区域性门户机场。

### 6.3.3 上海合作组织区域交通运输合作中现存的问题

第一，运输线路布局不合理，国际运输通道不足。由于历史原因，上海合作组织中的成员国特别是中亚国家的运输线路布局极不合理。中亚道路交通设施建设主要以俄罗斯为中心，这导致中亚国家无论是在公路、铁路还是航空和管道运输方面均面临出口少的问题。同时，中亚国家的基础设施亟待维修和新建，而且运输通道只有局部线路与中国相通。另外，由于全球化时代的经济运行规则是以西方国家为基础的，这就使得中亚的基础设施难以与国际接轨，铁路在这方面表现得尤为突出。铁路过境运输必须换装，制约着新欧亚大陆桥国家联运能力的发挥。如中国经由新欧亚大陆桥同吉尔吉斯斯坦、塔吉克斯坦等国家进出口的货物，需要经过阿拉山口绕行或在喀什进行换装运输，使得欧亚大陆桥通而不畅。上述因素使得国际运输通道不足的问题日渐突出。

第二，交通运输中非物理障碍严重。目前，在上海合作组织成员国交通运输合作中，非物理障碍表现在中亚国家口岸收费部分多、环节多、项目多、收费不规范,运输通道沿线重复收费和运输安全问题突显。中国对中亚国家的进出口货物运输除正常运费外,在国际运输口岸和通道沿线还需要支付名目繁多的其他费用,如在中亚国家普遍存在边防、海关、税务、动植物检疫等部门在运输通道沿线重复设卡拦车收费的现象,部分运输线路还存在沿路盗窃、抢劫等现象,旅客和货物安全问题无法得到保障,这些问题已严重制约了中国与中亚国家之间正常的运输和贸易往来。

第三,协调机制缺乏,成员国之间已经签订的道路运输协议难以真正落实。随着上合组织的逐步成熟,各成员国通过不断地协商和谈判达成了许多有利于提高协作效率的协定,也不断强调要建立统一的标准以及通行惯例,但是至今都没有形成完善的指标和条例,各国之间的长途跨境道路运输依然存在很多困难。虽然中国已经同中亚国家签订了系列道路运输协议,但是由于运输许可证和道路交通状况等原因无法执行,多边运输处于停滞状态。由于缺乏一个高效务实的组织协调机制,导致各国在面对共同的问题时不能够及时迅速地交流和协商,以致于这些问题影响到成员国运输合作的正常开展。上海合作组织成员国在经济、社会、文化、管理水平上的现存差异,地缘政治的相互影响和经济利益的长期驱动都是影响上合组织交通运输协调机制发挥作用的制约因素。

### 6.3.4 上海合作组织区域交通投资合作的方向

(1)基础设施建设方面的投资

为了加强中亚国家交通运输基础设施改造和交通口岸以及沿线配套设施建设,上合组织在基础设施建设方面的投资主要体现在以下方面:一是在公路方面加强合作,包括中哈双边赛里木湖—霍尔果斯公路改造合作项目,中国与吉尔吉斯斯坦和乌兹别克斯坦的交通合作项目,如建设喀什—伊尔斯克坦—奥什—安集延公路,建设卡拉苏—霍罗格—杜尚别公路。二是改善各成员国口岸交通基础配套设施。

口岸交通基础设施和配套设施建设比较落后，今后需要进一步提高各成员国口岸公路的等级并改善相应的配套设施。就中国而言，应重点改善新疆境内的霍尔果斯与阿拉山口口岸的配套设施。三是加强高标准铁路建设。中哈应加大合作力度，充分发挥中心和铁路通道的作用，加强铁路领域的投资合作。其四，发展过境运输业和与之相关的服务业基础设施建设，发展铁路沿线加工工业部门和配套的服务业同样是投资合作的重要方面。

(2)便利运输方面的投资

①加强区域便利运输标准统一化建设

正如俄罗斯交通部长列维京在上海合作组织第五次交通部长会议上指出的，基础设施标准的统一，比如标记、交通规则、道路标志、信号等方面标准的统一是上合组织框架内公路网络发展的当务之急。落实上合组织第四次会议通过的上海合作组织成员国道路网络协调发展项目，是形成区域组织整个综合运输系统一体化的重要步骤。要在切实保障各国家利益合作共赢的基础上，充分开展互利合作，合力为经济发展消除壁垒和障碍。除此之外，要通过落实交通领域各重点企业“点对点”务实项目合作，推进一体化建设。

②加强协调机制建设推进一体化进程

一是加强合作磋商机制建设，充分利用上海合作组织及其他国际合作组织的合作磋商机制，促进欧亚通道沿线国家之间的无障碍便利化运输。通过与亚太经济合作组织和亚洲开发银行等机构合作，促进上海合作组织多边便利运输协定的签订，在简化通关手续、制定车辆技术标准、发放行车许可证等便利运输方面进行深入磋商，推进运输便利化进程。二是积极筹备与中亚各国交通合作分委会会议，协调便利运输的有关问题，促使各方严格执行已经签署的双边和多边运输协定，创造有利的跨境和过境运输条件。三是成立由欧亚交通走廊沿线各国政府、各种运输方式专家共同组成的交通合作研究与磋商机构，加强沿线各国相互了解和信任，及时处理并妥善解决欧亚交通运输通道中出现的问题。

③加大人力资源开发投入

加大人力资源开发的投入，定期实施中亚国家交通管理和专业技术人员的交流和培训计划。为中亚国家举办公路工程兼公路建设标准、公路设计理念和公路养护与管理等方面的培训班，为推进中国—中亚国家建立统一交通标准提供智力保障。此外，在信息交流方面，应通过国际互联网和其他信息手段，建立跨国运输信息交流平台，以技术援助的形式承担国外公路规划和咨询服务，同时深入地了解周边国家经济及交通发展情况及相应的基础数据并加强各国在诸如天气状况、道路行驶条件、交通安全方面的信息交流。

## 6.4 能源领域的投资合作

### 6.4.1 成员国之间能源合作成效显著

上海合作组织成员国在扩大相互能源贸易与投资的同时，积极推动了本区域内贸易与投资便利化进程，并取得了一定的成效。综合来看，成员国在推进区域能源一体化方面有着强大的内在需求，在能源领域的务实合作突出表现在以下几个方面：

(1)取得很大进展

上合组织国家间双边互动为主的能源合作主要表现为能源生产相对较多的国家和能源消费相对较多的国家间的双边合作，如中国与中亚国家间的合作、中俄能源合作等。当然，还有部分是能源生产相对较多国家间的双边合作，如俄罗斯与中亚国家间的合作、中亚成员国间的相互合作等。其中，中国与成员国之间的合作以及俄罗斯与该组织相关国家的能源合作表现最为突出。

①中国与中亚国家在能源领域的合作

由于中亚地区的能源主要蕴藏在哈萨克斯坦、乌兹别克斯坦、土库曼斯坦等国内，所以中国与中亚上合组织成员国的合作主要是与哈萨克斯坦、乌兹别克斯坦的合作。第一，中哈能源合作开展得最早，规模也最大。1997年6月中国正式开始与哈萨克斯坦进行油气合作。截至目前，中国石油在哈萨克斯坦油气合作业务已扩展到勘探开发、炼油化工、管道运输、工程技术服务、油品销售等领域，形成了一条较为完整的业务链，实现了规模、有效和可持续发展。根据中国石油新闻中心提供的数据显示，1997～2007年中国石油累计在哈投入超过65亿美元。据哈国最新官方资料，中国公司至今在哈国石油开采部门所占份额已达20%，中国在哈国石油天然气部门全部外资中所占比重为26%，与此同时，中国也在积极争取哈国的核能项目。[①] 1997年以来，中国石油在哈共运营PK、阿克纠宾斯克、曼格什套、北布扎奇等多个油田开发项目，西北管道、中哈原油管道一期、中哈原油管道二期3个油气管道项目。其中，1997年获得的阿克纠宾斯克油田是中国在哈最早的项目；2005年中国石油收购哈萨克斯坦PK石油公司成为当年全球最大的收购交易；2009年哈萨克斯坦国家油气公司与中国石油联合收购曼格什套项目，通过大力改进经营管理，积极应用新技术，使开发了40年的老油田原油产量再创新高[②]；2011年中国石油与哈公司联合勘探开发乌里赫套气田获得巨大收益。除中国石油外，2006年12月中国中信集团公司以19.1亿美元收购加拿大内森斯能源公司及其在哈萨克斯坦的全部油气资产。此外，中哈双方还进行了贷款换股权的互动投资。2009年4月，为了帮助哈国重振经济，中国向哈提供了100亿美元贷款，作为协议的一部分，中国将获得入股哈一家油气公司的权利。第二，中国与乌兹别克斯坦能源合作起步较晚。2004年6月中石油与乌国家油气公司签订了油气合作协议。2006年中石油

① 参见孙永祥：《上海合作组织框架内的能源合作》，《国际展望》2011年第5期。

② 参见段鸿彦：《海外创业，合作共赢》，http://news.cnpc.com.cn/system/2012/01/16/001361878.shtml。

在乌国参与签署的咸海水域油气勘探开发项目拉开了中国大规模进军乌能源领域的序幕。2011 年乌兹别克斯坦与中国签订了修建通往中国的总长 530 公里的天然气管道，该管道计划拥有 300 亿立方米/年的输出能力，是乌兹别克斯坦目前年产量的一半，目前尚处于施工阶段。该管道的建成必将增强中国天然气的供应能力，也将成为乌天然气出口市场扩大的中坚力量。根据中乌双方在 2010 签署的关于天然气购销的框架协议，乌将每年向中国供气 100 亿立方米。中乌双方表示，除了要进一步巩固和扩大在天然气领域的合作之外，还要务实推动在油气勘探和化工、电力和新能源、铀矿等领域的合作，使中乌能源合作再上新台阶。

②中俄两国的能源合作

为推进中俄能源合作，不仅两国总理频繁地进行了 15 次会晤，两国元首更是达成了一致共识。2008 年下半年，双方建立起副总理级能源谈判机制，这些都为双方能源合作的顺利进行奠定了基础。在中俄石油合作方面，中俄 1999 年正式启动的石油合作输油管道建设项目谈判，虽经十多年的努力但双方一直未能达成最终协议，只是根据 2008 年中俄元首达成的共识，在两国副总理级能源谈判机制推动下，签署了《中俄石油领域合作谅解备忘录》。根据该协议，开通从俄通往中国的石油运输管道；中国将分别向俄罗斯石油公司和俄石油管道运输公司提供 150 亿美元和 100 亿美元的贷款，俄则在 2011～2030 年间以每年 1500 万吨的规模向中国出口 3 亿吨原油。2010 年 2 月 17 日，中俄正式签署了中方向俄提供 250 亿美元长期“贷款换油”协议，同时俄方每年通过铁路运输向中方供油将不受该协议影响并拟增加至每年 1500 万吨(俄铁路运输公司于 2004 年年初启动了普京总统肯定的利用铁路向中国输油的方案，即沿贝阿铁路干线再通过外贝加尔斯克至满洲里铁路线向中国供油)。2011 年 1 月 1 日，俄罗斯科沃罗季诺—中国漠河的中俄原油管道的成功运营标志着两国能源合作进入一个新的发展阶段并将进一步巩固两国战略协作伙伴关系的经济基础。在中俄煤炭合作方面，2010年中俄签署了中俄双方开展煤炭合作备忘录，中国将向俄提供60亿美元贷款用于煤矿开发及保障煤炭出口的相关基础设施建设。俄保证对中国长期稳定的煤炭供应，未来5年俄每年向中国供煤1500万吨，此后将提高至2000万吨。目前，中国神华集团公司与俄有关企业在开发东西伯利亚和远东奥格贾煤田、雅库特煤田和建立煤制油合资企业的合作取得了新进展。此外，2010年以来中俄能源合作不断向广度拓展，在电能、核能建设领域开发新的合作项目。2010年《中俄关于全面深化战略协作伙伴关系的联合声明》的签署为两国在能源领域的深入合作提供了更加广阔的交流平台。中俄输油管道的竣工是两国能源投资合作的重大成果，有利于促进中俄两国的经济发展。双方决定，继续积极开展石油、天然气、煤炭、电力、核能、能效及可再生能源等领域的投资与合作，尽快就开工修建中俄天然气管道达成一致，促进煤矿综合开发，加大铁路和港口建设，并进一步开展在电力贸易及电网改造领域的合作。

③上海合作组织其他成员国间的能源合作

近年来，俄在加强与中国能源合作的同时，还为发展与上合组织其他成员国（主要是哈萨克斯坦、乌兹别克斯坦、塔吉克斯坦、吉尔吉斯斯坦）的能源合作投入了巨额财政也取得了一些进展。一是俄与哈的能源合作至今已接近前苏联时期的水平。俄气公司与哈国的合作主要体现在管道建设上，如滨里海输气管道，中亚—中部输气管道等。俄卢克石油公司是现在哈油气部门最活跃的外国公司之一，其积极参与哈国大油田油气地质勘探与开发的项目主要有合同期为40年的卡拉恰干纳克油田（至2037年）、北库姆科尔油田（俄哈各持股50%）、合同期限为2003～2043年的图布卡拉干油田和阿塔什油田（双方各持股50%）。二是俄与乌的能源合作有较大进展。主要由俄罗斯两大著名的油气公司俄卢克石油公司和俄气公司积极参与俄乌两国的能源项目合作。俄气公司与乌国家油气公司的合作项目主要有：2003～2012年共同开发乌斯秋尔特地区的6个气田；改造中亚—中部和布哈拉—乌拉尔输气管道，将乌国输气管线的年运输能力从现有约500亿立方米提高到700亿～800亿立方米。俄卢克石油公司在乌国的合作项目主要有：共同开发位于卡拉卡尔帕克斯坦自治共和国的昆格勒气田，合同期限为35年（2004～2039年）；开发咸海含油气区，合同期限为35年（2005～2040年）；共同开发吉萨尔地区（位于卡什卡河州和苏尔汉河州）和乌斯秋尔特中部共2个油田和7个凝析气田，合同期限为40年（2007～2048年）；在乌国坎德姆气田附近修建一座年加工能力达60亿～100亿立方米的天然气化工厂。此外，俄还与乌国签署了乌斯丘尔特地区西部油气田的协议。三是俄罗斯与吉尔吉斯斯坦的能源合作初见成效。俄气公司购得勘探吉国天然气资源的项目并约定与吉方组建合资企业，但尚未有行动。但是从2006年至今，俄已控制吉国油品市场，到2011年市场占有率接近40%。四是俄与塔的能源合作不断深化到2008年，俄方已获得塔方约30%～35%成品油市场份额；2003年5月俄与塔签订天然气合作协议，合作内容包括开发列干和萨尔卡左两地的天然气资源（储量约650亿立方米），兴建、运营和维护塔国的输气管道和其他设施，组建天然气供应站并培训相关技术人员和工人等。①

（2）上海合作组织国家间的多边能源合作共识日趋形成

上海合作组织自成立以来，一直致力于探寻多边能源合作之道，尤其是在应对全球金融危机的背景下，相关国家极力谋求搭建多边能源战略合作平台，共同维护区域能源安全的共识日趋形成。但目前多边合作还处于逐步形成共识阶段。合作领域正在从石油、天然气逐步扩展到水能、核能和可再生能源，合作方式也灵活多样。目前，上海合作组织框架内多边能源合作有以下几种形式：其一，建立固定机构，讨论和协商能源发展事项；其二，举办一些论坛，为能源合作创造机会；其三，几个国家联合成立能源合作机制；其四，各国企业共同开发能

① 参见孙永祥：《上海合作组织框架内的能源合作》，《国际展望》2011年第5期。

源，开展多方面合作。可见，建立上合组织统一能源空间的前景日趋清晰。

①各成员国政府对开展多边能源合作高度重视

当前国际能源地缘政治格局正在加速分化重组，上合组织各国首脑一致认为，应该加快在多边框架下的能源合作进程，强调油气开发合作和油气管道建设合作对加强上合组织凝聚力的重要性和紧迫性。2004年9月，上海合作组织总理会议通过了《关于上合组织成员国多边经贸合作纲要落实措施计划》，多边能源合作逐步被上合组织成员国视为务实合作进程中应最优先发展的领域之一。2005年10月26日，上合组织成员国总理第四次会议特别强调了油气开发合作和油气管道建设合作的紧迫性，并责成经贸部长会议在成员国有关部委及上合组织秘书处的参与下，研究尽快建立燃料—能源综合体专业工作组问题。[①] 2005年11月10～11日，上海合作组织首次与联合国亚太经社理事会、中国国家开发银行和博鳌亚洲论坛等国际组织和国际金融机构联合举办了第一届欧亚经济论坛，论坛框架内的能源会议特别就维护欧亚能源安全、协调本地区各国能源政策、提高能源有效利用率等问题进行了探讨。在2006年6月15日上合组织成员国元首第六次峰会上，普京总统还提出了建立上合组织"能源俱乐部"的设想，中国也希望通过建立"上合组织能源共同体"，将中国稳定增长的油气市场与俄罗斯及中亚的丰富的资源结合起来并实现互利。在2006年9月15日上合组织成员国总理第五次会议上，各国总理对俄罗斯总统普京提出的"成立上合组织能源俱乐部，将能源供应者、消费者以及运输者三方联合在一起"的倡议给予了一致响应。2007年第一次成员国能源部长会晤制定了能源俱乐部章程，虽然在成员国会议上最终未能通过，但在一定程度上了加快了能源合作的进程。国际金融危机引发

① 参见韩立华：《上海合作组织框架下多边能源合作的条件与前景》，《国际石油经济》2006年第6期，第5页。

俄罗斯以及中亚各国经济低迷，也为各成员国加速多边能源合作进程提供了合作契机和动力。2011 年旨在推动上合组织能源俱乐部所启动的《西安倡议》的签署和 2011 年底能源俱乐部高级工作小组会议的召开就是这种影响的体现。在《西安倡议》中，中国、吉尔吉斯斯坦、俄罗斯、塔吉克斯坦四国代表就成立上海合作组织能源俱乐部的重要意义、基本构想和下一步工作计划等事宜进行了坦诚友好的磋商并达成了共识。《西安倡议》表明，上合组织框架内多边能源合作机制有了重大突破，机制完整的多边能源合作将是未来的发展趋势。成立上合组织能源俱乐部对于进一步巩固欧亚国家能源合作成果、扩大合作领域、提高合作水平，将产生积极的促进作用，对于进一步加强各国政府、科研机构和企业之间的交流和对话，创造了新的平台，对于进一步推动各国在能源领域开展更加紧密的合作建立了长期稳定的合作机制。

为了推进多边能源合作，各成员国还搭建了配套的平台，加速多边合作的进程。如研究建立融资机制，完善各国口岸基础设施提高通关能力和工作效率，启动上合组织信息高速公路等等。本研究重点分析融资机制问题。2003 年上合组织签订多边经贸合作纲要共提出了 127 个项目，这些项目主要涉及到基础设施，比如跨境的公路、铁路，但是这些项目在落实中最大的问题是资金短缺。为此，在 2009 年上合组织第八次总理会晤时，各国就达成共识，提出加强财金对话与合作并研究举行成员国财长和央行行长会晤，加快建立上海合作组织专门账户，解决大项目合作融资问题。2011 年 11 月 7 日上合组织成员国政府总理理事会发表联合公报，总理们重申了支持建立上合组织专门账户和开发银行的原则立场，责成继续就建立上合组织框架内的有效项目合作融资机制开展工作，并在下次于中国举行的上合组织成员国元首理事会会议前完成。2012 年 5 月 17 日，上海合作组织第二次财长和央行行长会议在北京举行，各方讨论了组建上合组织发展基金(专门账户)和上合组织开发银行的问题。2012 年 6 月上合组织北京首脑峰会上，成员国就深化经济领域务实合作进行充分磋商，在峰会期间专门举办了工商论坛。各国商定将继续推进贸易和投资便利化，加快建立发展基金（专门账户）和开放银行。同时，2005 年各成员国成立了银联体，六国元首签署了《上海合作组织银行联合体成员行关于支持区域经济合作的行动纲要》，并完成了大量多边或双边能源项目合作。

②上海合作组织多边能源合作进程

中国与中亚国家主要通过签订多边协议的方式实现能源合作。中国与乌、吉、塔在石油、天然气、水利和核原料的开发利用方面已达成许多协议，与能源运输相呼应的中国与中亚诸国的铁路、公路建设取得了一定的进展。例如，中国与土库曼斯坦、乌兹别克斯坦和哈萨克斯坦共同签署中亚—中国输气管道通气协议，总长约 1 万公里管道穿越四国，中亚的天然气可输往广东、上海。中、俄、哈三国正在计划利用中哈管道将俄罗斯的油气运往中国。俄罗斯泰纳石油管道第一期工程通往中国的支线将率先开通。2010 年，塔吉克斯坦、吉尔吉斯斯坦和哈萨克斯坦三国试图构建中亚区域的统一电力系统。此外，各成员国公司在多边框架协议下，成立了合资企业联合开发油气资源。2006 年 9 月，中国石油公司与乌兹别克斯坦国家油气公司、俄罗斯卢克石油公司、韩国国家石油公司等共同组成咸海财团组建联合公司，该集团计划联合勘探开发咸海水域油气项目并进行长期合作。

### 6.4.2 成员国间能源投资合作存在的问题

上海合作组织成员国间的能源合作在逐步加强的同时，能源投资合作也面临着诸多困难和挑战。

(1)上合组织成员国间不同的能源战略意图制约能源合作

俄罗斯能源的战略重点是考虑本国和全球的能源安全，保证多元化能源出口运输基础设施，继续提高能源使用效益和发展技术创新。同时，俄能源战略意图期望在中亚地区建立一个石油卡特尔以便控制当地的能源资源。在《2020 年前俄罗斯能源战略》中指出，俄罗斯希望将独联体特别是中亚国家的能源资源长期、大规模地吸收到自己的燃料能源体系中，这不仅可以为俄节约油气资源，还对俄具有战略利益，并可以扩大自己的政治影响力。[①] 中国推进成员国间的能源合作，主要目的是保障能源安全，为经济持续平稳的发展期望能源供应充足、稳定。为此，中国加大了在中亚、俄罗斯的油气项目开发及管道设施投资，尤其是努力协助中亚国家提高发展经济的能力，以确保自身的能源进口安全。中国作为成员国中的大国，无意在组织内成立类似石油输出国组织的机构。其他四国成员国主要是依靠本国丰富的能源开发作为推动本国经济发展的主要引擎，以此实现国家稳定、保障安全和全方位的发展经济。中亚国家为了国家利益奉行与大国平衡发展的能源战略，并实行能源出口多元化战略。不同的能源战略直接影响着国家间能源合作的顺利进行，中俄能源合作延续十多年的曲折进程，就是明显例证。

(2)上合组织体制机制的不完善制约能源合作步伐

各成员国在上合组织框架内的能源合作还未达成最终的一致，未制定统一、整体的发展规划，致使能源合作缺少法律基础和运行机制，各种合作协议的落实缺乏资金保障。新修订的《上海合作组织成员国多边经贸合作纲要落实措施计划》在能源合作方面还没有行之有效的协调合作机制。尽管在上合组织框架内，各成员国曾构想建立能源俱乐部并以此作为在组织框架内联合能源生产国、消费国和过境运输国的能源合作运作机制，但由于成员国尚未形成统一意见(尤其是中亚成员国担心多边能源合作机制形成后丧失自主权)，至今能源俱乐部和能源基础设施一体化问题仍在探讨阶段。

(3)上合组织成员国间缺乏相互信任与理解制约能源合作

由于能源问题涉及国家安全，所以各成员国为了维护国家安全及

---

① 参见许勤华:《后金融危机时期上合组织框架内多边能源合作现状及前景》,《俄罗斯中亚东欧研究》2012 年第 4 期。

各自利益，从谈判到实施项目都在不断寻找平衡点。各国在诸如项目目标和交易价格方面缺乏信任和理解。天然气是中俄能源合作的重要领域之一。2004年，中俄曾签署天然气合作的最初协议，之后虽经多年谈判但多次陷入僵局，到2011年6月16日，因中方坚持按中亚气价，而俄方自认为拖延对其有利，结果最终使中俄天然气谈判再度搁浅。中俄1999年正式启动石油合作的输油管道建设项目谈判，经十多年的努力，双方一直未能达成最终协议。虽然东线输油管道中国支线已经完成，中方为此注入大量资金，但中石油仍旧认为无法接受俄方油价，围绕原油运输费用的计算标准及支付方式问题尚未解决，双方就此问题正在进行谈判，争议甚至可能上升至国家层面。

(4)中亚国家能源资源面临大国的激烈竞争

第一，美国和西方国家加强对中亚和里海地区的控制力度。俄、美、欧盟等国，至今均没有放弃参与对中亚地区能源资源的争夺。俄与西方国家(美国和欧盟)在利用中亚能源资源方面的利益是对立的。被称为“世界第二长”的能源通道巴库—第比利斯—杰伊汉输油管线已投入运营，是中亚石油输往阿塞拜疆、穿越格鲁吉亚、土耳其的重要通道；通向欧洲的跨里海和纳布克输气管道已被列为欧盟优先发展的大项目计划，它的建成将影响中亚油气走向；欧盟利用俄和哈萨克斯坦之间的一些分歧，挑起一系列拟绕过俄、投资其他输气干线的项目，这为俄与中亚国家能源合作带来困难。上述因素极大影响上合组织成员国间的能源合作。第二，鉴于俄在中亚地区“垄断输气管道”的重要性在削弱，俄对欧亚经济共同体国家(俄、白俄、乌克兰、哈萨克斯坦、亚美尼亚、塔吉克斯坦和吉尔吉斯斯坦)能源领域的互动也给予高度关注。在俄倡议下，欧亚经济共同体国家已研究制定了“2020年前燃料能源综合体发展战略草案”。欧亚经济共同体的能源协商机制在一定程度上冲击了上合组织统一能源政策的制定进程。

### 6.4.3 能源投资合作与发展

第一，上海合作组织成员国加强能源合作是保障能源安全、实现利益共享的必然选择。在当前国际形势下，多数国家都在寻求保证国家能源安全和能源稳定供应来源的各种途径。无论是能源出口国还是进口国，抑或跨境能源运输国，都在为确保各自国家利益倾向于建立起相互间互惠互利的合作关系。加强全球和地区范围内的双边和多边能源合作成为一种必然的趋势和选择。所以积极协调相关国家的长期能源发展战略和能源法律，确立各成员国相应的长期合作目标和法律基础，才能使各国共同有效利用区域的总体能源潜力，从而保障能源安全和利益。只有在互利共赢基础上的能源合作，才符合各个国家的根本利益。

第二，中亚地区对上合组织国家的能源投资合作至关重要。中亚地区是上合组织区域内能源资源的富集区，也是大国竞相争夺的地区。欧美一些能源公司相继进入中亚国家开展能源合作，旨在弱化俄罗斯和中国在中亚地区的影响以强化其在该地区的存在。因此，上合组织的能源合作应更多关注中亚地区的能源安全、关注大国在中亚地区的介入及其参与能源争夺以及俄罗斯和中国在此方面的战略协调、关注中亚地区一些国家社会矛盾加剧和民生问题尖锐以及经济过分依赖外援等问题。

## 6.5 科技与环保领域的投资合作

2010 年首届上海合作组织科技部长会议在中国上海召开，六国决定合作开展科学研究，联合组织培训班、研讨会和展览，共同培养人才，建立创新机构、实验室和科学中心，同时以多种方式开展多边科技合作。六国商定优先发展自然资源的保护和合理利用、能源和节能减排、生命系统技术、纳米和新材料、信息和通信系统等领域。下面重点分析信息和电信技术领域及环保领域的合作。

### 6.5.1 信息和电信技术领域合作

上海合作组织区域经济合作的近期目标是积极推动贸易投资便利化进程，其中主要的一个方向是在现代化的组织和技术水平上建立和发展经贸投资信息空间，需要完成的一项重要任务就是利用和进一步发展通信领域现有的基础设施并进行合作。为了实现这一目标，上海合作组织成员国达成共识，未来在采用高级信息和电信技术、完善相应基础设施建设方面开展合作。

(1)构建“上海合作组织信息高速公路”

该计划旨在加强各国信息基础设施的建设，促进各国在信息通信领域的密切合作，进而带动各国经济的发展，提高上海合作组织整体实力和各国在全球的影响力。围绕着信息高速公路展开的骨干传输网和高速互联网的组织与建设工作，将有助于提高组织各成员国间的通信网络能力，满足各国不断增长的电信业务需求，提高各国的信息化普及程度，进而增进各国间的了解与合作。同时，上海合作组织信息高速公路是连接六国的商用宽带平台，在此平台上可承载语音、数据、互联网的介入等基本业务和开展远程教育、远程医疗、电子政府、电子商务等应用，带动区域经济发展。根据上海合作组织光缆网现状，拟新建光缆2468公里，并在光缆网基础上组织建设SDH网。网络可分为两个阶段建设，经初步估算，骨干传输网投资将达到7292万美元。高速互联网规划方案是在对各国互联网用户和宽带需求发展趋势预测的基础上结合互联网组织方式提出的，经初步估算，高速互联网投资将达到105万美元。项目总投资预计达到7397万美元(按照2007年价格估算)。

(2)中国与俄罗斯对中亚国家电信业的投资合作

上海合作组织各成员国电信合作潜力巨大，尤其是中亚国家不具备生产移动通信设备的能力，本国电信设备完全依赖进口，这为合作提供广阔的空间。据统计，哈萨克斯坦和乌兹别克斯坦通信产业每年的增速分别达到30%～40%和20%～30%的速度。[①] 为了发展本国电信业，中亚各国大力加强与中国、俄罗斯、美国、韩国、瑞士和土耳其等国的合作。上海合作组织内的中国、俄罗斯积极参与对中亚国家电信业的投资合作。

①俄罗斯在中亚电信市场占有突出地位

俄罗斯GSM Kazakhstan和Kap-Ten占有哈萨克斯坦移动通信市场93%的市场份额，其中，Kap-Ten由俄罗斯电信公司控制。乌兹别克斯坦第一大电信运营商Uzdunrobita和第二大运营商Unitel均由俄罗斯电信公司所控制，共控制乌国85%的市场份额。2001年俄罗斯第三大移动运营商MegaFon收购了吉尔吉斯斯坦本地运营商TT Mobile 75%的股份，成为吉四大运营商之一。与中亚其他国家不同，土库曼斯坦电信市场以国有企业为主，仅有俄罗斯MTC全资控股土BCTI公司，该公司是土唯一移动运营商。

②中国与中亚国家电信业合作现状

中国的电子信息企业已经具备国际化和"走出去"的实力。华为和中兴公司是开拓中亚四国通讯市场的主力。中国与中亚国家合作主要是向其提供移动、固定通信设备及修建完善电信基础设施。关于中哈合作，早在1997年中国电信公司就已经进入哈萨克斯坦电信市场。华为公司和哈萨克斯坦的主要移动和固定运营商开展了各方面的合作。2002年华为公司在阿拉木图市安装了200户光纤接入网设备，同年华为公司中标哈萨克电信项目，这是哈萨克斯坦电信10年来引进的电信技术最先进、业务最丰富、功能最齐全的交换网络设备。关于中吉合作，华为公司是目前中国唯一进入吉尔吉斯斯坦电信和主流移动运营商的中国企业。截至2013年，华为公司已覆盖了吉电信市场的各个领域，成为吉电信市场绝对领先的设备供应商。2002年中

① 参见须同凯：《上海合作组织区域经济合作——发展历程与前景展望》，人民出版社2010年版，第199页。

国通讯公司在吉尔吉斯斯坦建立了第一个移动传呼台。2008年,吉电信公司与中国国家电信公司签署协议,正式启动中吉乌光缆项目,项目建成后,吉国将实现全国光纤联网。关于中乌合作,华为公司是较早进入乌市场的中国企业,并占有一席之地。华为公司是乌第一大电信运营商Uzdunrobita的主要设备供应商。华为公司在乌信息通信领域中创出了"技术品牌第一,新增建设量第一,高端应用第一,售后服务质量第一"的品牌效应。2004年中兴通讯进入乌国市场,为乌运营商East Telecom提供中兴自主研发的全系列路由器等高端数据设备。2009年华为技术有限公司和中兴通讯股份有限公司与乌兹别克电信股份公司签订合同,将投资1300万美元对乌电讯网络进行现代化改造。关于中塔合作,中国华为技术公司和中兴通讯公司在塔通信市场取得了长足发展。华为公司已与当地的主要运营商形成了战略伙伴关系,其中华为与塔最大的移动运营商合作建设3G设备和3G网络。2002年12月,中兴通讯公司中标塔国家通讯网改造项目,此外中兴通讯与塔CETEL公司成立的合资企业塔中移动通信公司(TK Mobile),目前是塔第一大CDMA运营商。总之,中国应该紧紧抓住与中亚国家电信领域紧密合作的机会,带动我国高科技电子信息产品的出口,尤其是将中国品牌电脑带入中亚主流市场,以弥补中国品牌电脑在中亚市场占有率不足的缺憾。

③中俄信息技术与电信合作

1997年,中俄两国总理第二次会晤确定:"在通信和信息技术合作领域,委员会支持双方在电子商务、工业信息化、远程教育、远程医疗、建立电子信息科技园区、合作生产并共同开拓第三国市场、信息技术知识产权等领域扩大开展信息技术应用合作。"2006年11月,中俄签订了《两国关于鼓励与相互保护投资协定》,其中信息技术与电信是中国在俄罗斯的优先投资领域。中俄双方一致约定,促进卫星通信和移动通讯信领域的合作、联合投资改造和新建两国间的通信线路、开展信息服务方面的双边合作，促进对俄服务外包和软件开发方面的合作。[①]

为了给双方企业开展投资、研发、生产和贸易活动创造良好环境，中俄双方早在2005年10月11日就在黑龙江省和滨海边疆区达成建设中俄信息产业园达成协议，此后中俄信息产业园项目得到两国政府层面认可，进入加速推进阶段。中俄信息产业园由中国境内的黑龙江哈尔滨园区、牡丹江园区和俄罗斯滨海边疆区园区组成。中俄信息产业园区由三个园区的不同特点形成一个整体，园区分生产加工、物流仓储和综合服务三大功能区。由于园区内设口岸联检区、仓储运输保税区等特殊功能区，相当于内陆港，使园区事实上成为一个口岸。在园区签封后的货物可以直接出口至世界任何国家和地区。中俄信息产业园建成后将成为现代化的信息及高新技术产业区，形成东北地区最大的产业集群和产业链。中俄信息产业园区采取"一园三区、统一管理、双向互动、两国直通"的运作模式。即以哈尔滨中俄信息产业园和牡丹江中俄信息产业园为境内生产基地，充分利用优势政策和廉价生产要素，进行电子信息等产品部件加工，完成大散件，通过直通车拉长生产线，延伸到俄境内的中俄信息产业园进行整机装配形成商品，并就地销售或出口第三国，低成本、低风险、直入式地开发俄罗斯及独联体国家市场。产业发展格局以信息产品制造业、配套业、研发中心、物流配送等为主，其中信息产品制造业以俄罗斯电子信息产品市场为导向，吸引国内外大型电子信息制造企业在园区内投资设厂，生产对俄出口主要信息产品。[②]

---

① 参见《中俄投资合作规划纲要》，http://wenku.baidu.com/view/3666b11052d380eb62946d0a.html。

② 参见李晶琳：《中俄信息产业园渐成对俄出口贸易经济新增长点》，http://chinaneast.xinhuanet.com/2006-03/28/content_6584849.htm。

### 6.5.2 环境保护领域的投资合作

2007年上合组织第六次总理会晤就环保合作达成共识，指出尽快完成《上海合作组织环保合作构想》草案的制定工作，并就合理、有效利用地区水能资源问题开展合作。但是，目前成员国环保领域合作主要以双边合作为主。

2000年以来，中俄加强了环境保护领域的合作，并将环保合作推进到新的阶段，2006年中俄通过成立中俄总理定期会晤委员会环保分委会，为中俄环保合作构筑了坚实的平台建立了长效机制。中俄环保合作取得初步成效，尤其是黑龙江与俄罗斯的合作最为突出。根据来自黑龙江省环境保护厅的消息，黑龙江省不断加强与俄罗斯地区间跨界自然保护区和生物多样性保护的合作交流，取得积极成效。不仅中俄边境地区自然保护区面积达到339万公顷，而且黑龙江省与俄周边州、区的环保合作重点已经从跨界自然保护区和生物多样性保护、跨界水体水质监测扩展到污染防治和环境灾害应急联络等方面。双方还将在应对全球气候变化、温室气体减排、清洁能源开发、持久性污染物管理、消耗臭氧层物质的淘汰、发展循环经济、清洁生产技术等当前环境保护国际合作的热点内容上不断开拓新的合作领域。

近年来，中国与中亚国家开展环保合作。2011年中国与哈萨克斯坦环保合作委员会成立，双方制定了《中哈环保合作委员会条例》，双方在环委会框架下设立跨界河流水质监测与分析评估工作组、跨界河流突发事件应急与污染防治工作组，并立即启动工作组的相关工作。未来，中国与中亚国家也将会不断加强两国在环保法律法规、政策和技术等领域的学术交流与合作，不断推进边境地区跨界水质监测、突发污染事件应急处理领域的合作。

## 6.6 农业领域的合作

### 6.6.1 农业领域投资合作的重要意义

(1)加强农业合作是保障各成员国经济发展、社会稳定的基础

上海合作组织成员国都是农业大国和发展中国家,而农业是经济发展和社会稳定的基础。除了中国、俄罗斯、哈萨克斯坦农业对本国GDP增长的贡献率低于10%以外,其他成员国均在20%左右。同时,劳动力在农业部门的分布比重相对较高,哈萨克斯坦为28.2%、吉尔吉斯斯坦为48%、俄罗斯为9.8%、塔吉克斯坦为50%、乌兹别克斯坦为44%、中国为38%。因此,能否解决好农业问题直接影响着上海合作组织成员国的社会稳定。另外,农业也是其他生产部门进一步发展的基础,国民经济其他部门发展的规模和速度都要受到农业生产力发展水平和农业劳动生产率的制约。

(2)通过加强农业合作保障粮食供应和本国的粮食安全

近年来,全球经济危机、自然灾害、气候变化等引起粮食供应不足危机,世界粮食需求迅速上升,新的粮食危机正在形成。据统计,自2010年8月至2011年2月,俄罗斯和哈萨克斯坦谷物分别减产38%和40%,而同期的世界粮食价格指数从185上涨至236。根据联合国粮农组织报告显示,中亚的吉尔吉斯斯坦、塔吉克斯坦、乌兹别克斯坦还是贫困线下人口较多的国家。为此,上海合作组织各国对粮食危机和粮食安全问题给予了越来越多的关注。俄罗斯总统普京和哈萨克斯坦总统纳扎尔巴耶夫把保证本国的粮食安全和扩大粮食出口列为国家的长远发展战略之一;哈萨克斯坦政府还出台了国家支持农业发展的一系列优惠政策,并将农产品加工业作为其产业发展的优先领域;吉尔吉斯斯坦和塔吉克斯坦将发展农业作为其扩大就业和开展反

贫困斗争的主要手段;中国从中长期来看粮食需求将呈刚性增长,粮食供求关系将偏紧,确保粮食安全是中国一项长期的战略任务。因此,只有加强区域农业投资与合作,扩大区域内农产品交易,才能有利于各国农产品的保障,有利于各国增加就业和反贫困计划的实施。

(3)农业生产上的互补性不断增强

①资源禀赋决定各成员国互补性较强

中国人口数量庞大,人口密度大,人均耕地面积小,是精细农业发展的传统国家。其他成员国拥有大量的土地资源,人口密度相对较低,人均农业用地占有量较高,是农业和畜牧业发展的理想地区。近年来,俄罗斯和哈萨克斯坦已经成为粮食出口大国,棉花与油料具有良好的发展潜力。但是,上海合作组织成员国尤其是中亚一些国家农业劳动力短缺和粗放耕作方式制约了这类农业产业的发展,需要大量引进劳动力和精细农业技术和产品。中国虽然与西方发达资本主义国家相比还存在差距,但相对于组织内其他成员国而言,可以提供相应的技术投资和技术合作。同时,成员国在优势农业和特色农业方面也具有一些特点,值得中国引进和借鉴。

②成员国高度重视农业领域的合作

一方面,中亚国家均呼吁中国向其提供农业技术支持,如提供农业生物畜种、栽培的管理加工技术和浇灌技术等,欢迎中国投资其农业领域。另一方面,哈萨克斯坦等国也希望能开拓中国的粮食市场。上海合作组织成员国元首及政府首脑对农业合作极为重视,在启动和落实农业合作方面发挥了重要作用。

### 6.6.2 上海合作组织农业合作的成果

(1)农业合作的框架和机制建设初步完成

上海合作组织成员国之间的农业合作起步较早,但主要集中在双边层次上。随着双边农业合作逐步发展,在多边层次上进行农业合作的时机已成熟。2007 年 11 月上海合作组织成员国第六次总理会议上签署了《上海合作组织成员国政府首脑(总理)理事会会议联合公报》,指出应启动和发展多边农业合作。随后,为落实上海合作组织成员国总理第六次会议联合公报的精神,上海合作组织成员国农业合作方面的首次高官会议举行,标志着上海合作组织框架下的农业合作正式启动。[①] 在2008~2011年的元首和政府总理会晤上,农业合作得到首脑们的大力推动,同时各国一致同意将农业合作写入宣言,并列入优先发展与合作方向。2008年第七次总理会议上建议及时举行农业部长会议并制定促进农业合作的协调一致政策。经过各方不懈的努力和工作,上海合作组织在2010年6月举行的成员国元首理事会第十次会议上签署了《上海合作组织成员国政府间农业合作协定》,该协定明确了各成员国将在种植业、畜牧业、植物保护和检疫、跨境动植物疫病防控、兽医、农产品加工与贸易、农业机械制造、农业科研、投资和建立农业联合企业、专家培训等领域开展合作。2010年10月,上海合作组织首次农业部长会议在北京举行,各成员国就加强上海合作组织框架内多边农业合作及其发展前景进行了深入探讨,并强调现阶段上海合作组织框架下的区域农业合作重点是落实《上海合作组织成员国政府间农业合作协定》确定的合作项目、促进农产品贸易和农业投资的便利化以及加强成员国间的农业科技交流。会议通过了《上海合作组织成员国农业专家常设工作组条例》,确立了农业合作常态化机制,规定了每年举行一次上海合作组织农业专家会议,每两年举行一次农业部长会议。

总之,上海合作组织农业合作机制建设,为深化上海合作组织成员国间的农业贸易投资便利化、扩大农产品贸易,推动农业投资合作创造了条件。一方面,各国不仅在向世界贸易组织的框架与规则靠拢,而且也按照本组织的多边协议深化农业改革、完善农业政策。农

① 参见《上合组织成员国农业高官会举行,达成系列共识》,http://www.gov.cn/gzdt/2007-11/28/content_819436.htm。

产品贸易条件近年来得到很大程度的改善,其中包括海关税率降低、检验检疫规范化、贸易便利化等。另一方面,随着成员国之间签订的一系列与农业有关的协议相继生效,农业领域的投资将为各国经济带去新的增长点,投资领域的扩大和逐步产生的成效将不断提高各国消费者的福利水平。

(2)农业领域的务实合作取得阶段成果

①中国官方与各成员国确定的合作项目

在2010年上海合作组织首次农业部长会议上,中国政府与各成员国确定了一系列投资合作项目。中哈将在小麦、大豆的生产及其加工等方面深化合作,并加快农产品贸易便利化进程,促进农产品贸易的发展。中国与吉尔吉斯共和国的农业部长认为,两国将在农业机械和畜产品加工等方面开展进一步的交流与合作。中国与塔吉克斯坦共和国两国农业部门将在畜牧业和渔业等领域开展深入的交流与合作。中国与俄罗斯两国的农业部门将在作物育种、良种繁育和畜牧业等领域加强合作,并计划商签两国农业合作文件,建立农业合作机制。关于中国与乌兹别克斯坦的农业合作,双方将在人力资源开发与培训、农业机械、棉花以及农产品贸易等领域加强交流与合作。[①]

②投资合作取得阶段成果

中国和俄罗斯在地方政府层面上的合作迈上了新台阶。中国黑龙江是两国农业合作的先导。目前,黑龙江省已有约60%县(市)实现"走出去"并在俄罗斯建立规模种植业、养殖业和各类加工业开发项目。2007年10月中俄农业高新技术合作示范园区开工建设,这是中国第一个对俄农业园区。中国其他地区与俄罗斯的合作也有所发展。例如,四川省商务和农业部门与俄罗斯地方政府合作,组织农业技术和劳务人员赴俄罗斯从事种植和养殖业。2006年,四川省8家农业产

① 参见李进峰、吴宏伟主编:《上海合作组织发展报告:上海合作组织睦邻友好年专辑(2012)》,社会科学文献出版社2012年版,第210页。

业化龙头企业与俄罗斯斯摩棱斯克州签署协议，由四川省企业投资2亿元人民币，在斯摩棱斯克州兴建一个面积达5000多公顷的俄罗斯—中国四川农业经济开发园区。[①] 中国与中亚国家的农业合作也取得了一定的成就。近年来，新疆加强了与中亚国家之间的农业技术合作，在农业领域取得了良好的效果，也为今后更好地合作奠定了基础。塔吉克斯坦引进了新疆天业集团有限公司的地膜覆盖技术和滴灌技术，新疆维吾尔自治区畜牧科学院与哈萨克斯坦农业科学院开展了在牛羊饲养、牧草选育、草场改良、畜病防治等方面的联合研究。此外，中国国家开发银行与哈萨克斯坦农业控股公司签署了合作备忘录，计划加强在农业领域的合作。中国的黑龙江宝泉岭农垦太非华援农业开发有限公司、河南省经研银海种业有限公司、哈萨克斯坦共和国库鲁斯泰有限公司和哈中农业公司在农作物优良品种、高新技术推广示范、农业生产资料和农业机械引进配套、建设农产品深加工基地以及教育科研等方面也加强了合作。[②]

### 6.6.3 农业领域投资合作存在的问题

尽管上海合作组织成员国之间的农业合作有着良好的发展前景，但还受到一些困难因素的影响，主要体现在以下几个方面：

(1)贸易投资便利化有待进一步改善

上海合作组织成员国之间在通关手续、检验检疫标准、关税税率等方面依然存在贸易壁垒，加之农产品交通运输渠道不畅、信息沟通机制欠缺以及一定程度的投资壁垒，极大地制约了农业合作向纵深推进。①农产品贸易的交通运输渠道不畅通。目前在成员国之间交通运输问题已经成为了制约农产品贸易的主要障碍之一。运输能力不

① 参见江宏伟：《非传统安全视野下的中俄农业合作研究》，《俄罗斯中亚东欧研究》2010年第8期。

② 参见李进峰、吴宏伟：《上海合作组织发展报告：上海合作组织睦邻友好年专辑(2012)》，社会科学文献出版社2012年版，第175页。

足、运输成本过高,运输速度缓慢是目前存在的主要问题。对于许多农产品来说,运输的实效对于市场的扩大具有决定性作用,成员国间的运输距离都比较长,对于保障农产品的高效运输存在着现实的困难。②海关程序不够便利。目前上海合作组织成员国贸易投资便利化取得了一定成效,但是与实际要求还相差甚远。通关程序繁琐、等待时间过长常常使农产品贸易遭受损失。③信息交流机制不畅。成员国之间缺乏对农产品的生产与贸易间的沟通,造成各国的农产品优势不能得到有效发挥,不能根据特定需求有针对性地调整各自的产品结构。④投资障碍依然存在,这种情况在中亚国家较为突出。如办理劳务许可证及签证延期手续存在费用高、期限短、手续繁杂和随意性强等问题;政府机关腐败、法律执行力不强、政策多变和投资环境不稳等问题严重制约着外商的投资热情。

(2)各成员国对本国及相互间农业投资规模有待进一步扩大

目前除哈萨克斯坦和中国、俄罗斯拥有部分较大规模的农业初级产品生产企业外,其他国家这方面的力量相对薄弱。目前中亚国家在农业机械、水利设施、农业流动资金等方面匮乏,需要继续引进外资进行较大规模的建设和生产。

### 6.6.4 农业领域合作的方向及举措

(1)优先建立规范与标准

尽管互补性是上海合作组织农业合作的基础,但是建立规范与标准更适合于农业这一技术要求较多且高的领域,例如,设定农业基础标准、种子和种苗标准、产品标准、方法标准、环境保护标准、卫生标准、农业工程和工程构件标准、管理标准等。事实上,从设定规范和标准来进行农业合作也可以当成是上海合作组织区域经济合作的发展模式。此外,标准和共同规范的建立还有助于构建立共同的农业市场,并减少成员国在经济交往上的限制,降低交易成本。

(2)加强农业技术、农机装备以及农业技术人员交流

在农业合作的对话协商机制中,应多在解决实际问题上提高效率。加强农业技术与农机装备贸易与投资合作正是推进务实合作的重要举措。中国的农业科学技术研究已经有了长足的发展,可以提供相应的技术投资和技术合作。在农业技术合作上,未来主要的合作包括优质品种和特色品种的交换、栽培与养殖模式、病虫害防治、土壤改良、灌溉系统、现代农牧机具、农业环境保护等方面。对于中国而言,向俄罗斯、中亚国家以投资的方式输出农业技术,带动农业贸易和农业资源合作具有广阔的发展前景。另外,加强农业技术人员交流,有助于推动农业技术和投资合作。农业人员交流包括相关的经营管理人员、技术人员、专家和研究人员、务工人员等。当前,中国与成员国之间农业人员的交流大多集中在农业研究与技术的领域,劳务合作尚处于起步阶段,经营与管理方面还有待开拓。随着中国与成员国农产品贸易和农业合作的迅速发展,农业人员的交流具有很大的潜力,需要在双方政府协调的基础上予以有力推进,有管理的人员交流应成为推动的主要目标。

# 第7章

# 上海合作组织自由贸易区建设

现代自由贸易区是融贸易与投资及其他相关服务行业为一体的经贸合作平台。通过尽快启动上海合作组织自由贸易区谈判，早日建成上海合作组织区域自由贸易区，既可以加速区域贸易投资便利化的进程，又能提高区域内各国相互直接投资的水平，同时可有效扩大贸易规模。因此，上海合作组织自由贸易区建设是加速区域内贸易便利化和投资便利化的重要平台。

## 7.1 现代自由贸易区的含义及性质

所谓自由贸易区，就是两个或者两个以上的国家通过签订自由贸易协定，取消（或分阶段取消）相互间的关税以及与关税具有同等效力的其他措施，相互进一步开放市场，组成更便利合作的经济贸易集团。自由贸易区是区域经济一体化发展过程的阶段表现形式，是区域经济一体化发展阶段的一个必经过程。在合作内容上，传统的自由贸易区局限在货物贸易自由化方面。现今各国之间达成的自由贸易安排的互惠性日趋增强，区域自由贸易安排也更复杂，新签订的自由贸易协定除了商品贸易自由化，还包括了生产要素的国际自由流动，诸如服务贸易自由化、投资自由化以及经济技术合作自由化等领域，并且随着自由贸易合作的不断深入，还扩大为不直接与贸易相关的内容，包括劳动技术标准以及环境保护条款等等，其框架大多超出世贸组织多边贸易协定。

因此，自由贸易区的作用就是为了寻求区域内各国经贸间的便利合作，通过制定区域经济体内成员国相互遵守的经济合作原则、规范、决策和争端解决程序等，使区域内各国对相互之间具有较高的预测性，增进相互之间的信任，消除成员国之间的贸易、投资等诸多方面障碍，以谋求最佳的国际分工，使成员国获得比单一国时更大的利益。

自由贸易区在早期是为适应国际贸易发展的需要而逐步建立起来的，贸易功能一直是自由贸易区的主要功能。现代的自由贸易区功能出现了多样化和综合化发展的趋势，已经成为集贸易、加工制造以及相关服务行业在内的经贸合作平台，其集群化优势和开放型特征更加明显。

## 7.2 建立自由贸易区的可行性分析

早在2003年上海合作组织成员国总理会晤期间，各方就提出六国未来要建立自由贸易区。建立上海合作组织自由贸易区，意味着成员国间将对绝大部分的货物和众多的服务贸易部门取消关税和其他贸易限制措施，这对于区域内整个经济是有好处的。尽管已有的研究依然认为，上海合作组织现在的基础显然不如中国和东盟的自由贸易区，存在诸多制约因素，如成员国都属于发展中国家，经济发展水平不高，差异大，尤其是中亚四国在经济结构上具有较大的相似性，基本以资源尤其是能源产品为主，这方面具有较强的竞争关系，从而增大合作的难度等。其实，上海合作组织经过近10年的发展，已经具备了加快建立自由贸易区的经济基础和良好条件。受国际金融危机的影响，尽管上海合作组织成员国的经济形势面临诸多考验，但也为携手合作建立自由贸易区带来了新的机遇。目前,上海合作组织建立自由贸易区条件日趋成熟。

(1)建立自由贸易区具备良好的政治基础

俄罗斯、中亚国家独立以来,基本保持国内政治稳定,对外奉行务实、多元政策,与世界各国和平相处。中国国内政治稳定,经济快速发展,中国的外交政策得到了其他成员国的积极认同。迄今为止,中国与其他成员国之间不存在任何悬而未决的政治问题。1996年中俄发表联合声明,建立和发展战略协作伙伴关系且保持良好发展势头,各领域交流合作取得新进展。2005年7月,中哈签署了关于建立和发展战略协作伙伴关系的联合声明。2012年6月中国与乌兹别克斯坦两国元首决定将两国关系提升至战略伙伴关系水平。此外,中国与各成员国先后签署了《睦邻友好合作条约》《打击恐怖主义、分裂主义、极端主义合作协定》等重要文件。10年来,上海合作组织逐渐形成以反恐为中心,兼顾打击毒品武器走私、跨国组织犯罪等多元一体的安全合作机制。2010年塔什干峰会上元首们强调,将在组织框架内全面开展紧密的互利合作,将上海合作组织建设成为维护本地区乃至全世界安全、稳定和繁荣的有效机制。作为率先举起反恐大旗的区域性国际组织,打击"三股势力"一直被视为上海合作组织10年工作的重中之重。如果说2001年《打击恐怖主义、分裂主义和极端主义上海公约》开启了地区反恐的大门,2009年《上海合作组织反恐怖主义条约》使反恐合作登上新台阶的话,那么2010年各国政府陆续批准通过反恐公约则标志着上合组织反恐合作正在从完善法律基础向务实操作阶段迈进。

为了有效打击跨国贩毒活动,上海合作组织成员国进行了紧密的双边和多边禁毒合作。2010年6月塔什干上海合作组织峰会上,俄罗斯总统梅德韦杰夫建议通过制定2011～2016年的上海合作组织反毒战略,为构筑"反毒带"提供具体支持。同年11月,第六届中俄禁毒合作部长级会议在北京举行,中俄双方签署了部长级会议纪要及《中国公安部和俄罗斯联邦麻醉品监督总局关于打击非法贩运麻醉品、精神药品和易制毒化学品的合作构想》。另外，上合组织建立了吸收组织观察员、对话伙伴国以及吸纳在本地区活动的其他组织参与等机制。

总之，上海合作组织已经建立起维护地区安全稳定的长效机制，更加有效、持久地打击“三股势力”、毒品走私、跨国有组织犯罪，成为维护欧亚地区稳定的中坚力量。

(2)区域内经济联系日益密切，贸易便利化程度不断提高

上海合作组织成员国间经济贸易联系的不断加强和贸易便利化程度的不断提高，已经为这一区域建立自由贸易区奠定了良好的基础。一方面，各成员国的经济实力显著增强。2000 年以来，上海合作组织成员国经济均保持了快速发展势头，该地区已经成为世界上经济发展最快的区域之一。其中，中国 GDP 一直保持 8%～10%的增速；俄罗斯 GDP 实现了年均 6%～7%的增幅；哈萨克斯坦 GDP 增幅保持在 9%～10%；其他成员国，除吉尔吉斯斯坦以外，均保持了快速增长。在经济发展的带动下，各成员国间的贸易和相互投资实现了高速增长，贸易规模迅速扩大，彼此成为主要的贸易和投资伙伴，2008 年以来，中国已经成为上海合作组织各成员国第二至第四大贸易伙伴，尤其是到 2011 年，中国与其他成员国间贸易额从 2001 年的 100 亿美元上升至突破 1000 亿美元。[①] 密切的经济联系和日渐增强的互补性是建立自由贸易区的重要前提条件。如哈萨克斯坦近年来已是中亚五国经济的领头羊，其国力最强。2007 年哈国的国内生产总值首次超过千亿美元大关，到 2008 年人均国内生产总值接近 1 万美元。按照邓宁的国际直接投资发展理论，哈国已经进入国际直接投资的净流出时期。事实上，近几年来，哈国已经成为吉尔吉斯斯坦和乌兹别克斯坦的重要投资国之一。同时，哈国仍为中亚国家吸引外资之首，吸引了来自成员国俄罗斯、中国的大量投资。另一方面，各成员国加速推进

① 参见张晓宁：《盘点上合北京峰会，谋划未来等三大亮点》，http://www.chinanews.com/gn/2012/06-08/3947535.shtml。

贸易便利化进程，也为过渡到自由贸易区奠定了基础。上海合作组织成立初期就确定了从贸易投资便利化起步，逐渐向区域内贸易自由化方向靠近的目标。为此，各成员国根据所签署的协议加强在海关程序、商品检验检疫、过境运输、电子商务、通信等领域推进便利化，使各国整体便利化程度不断提高。根据世界经济论坛发布的《2009年、2010年、2012年全球便利贸易报告》显示，上海合作组织成员国贸易便利化总体指数世界排名均有不同程度的提高，见表7-1。

**表7-1　　上海合作组织成员国贸易便利化总体指数排名**

| 年　份 | 2009年 | 2010年 | 2012年 |
|---|---|---|---|
| 中　国 | 49 | 48 | 56 |
| 俄罗斯 | 109 | 114 | 112 |
| 哈萨克斯坦 | 93 | 88 | 105 |
| 塔吉克斯坦 | 114 | 108 | 110 |
| 吉尔吉斯斯坦 | 101 | 100 | 111 |
| 乌兹别克斯坦 | — | — | — |

资料来源：世界经济论坛《全球便利贸易报告(2009～2012)》。

(3)区域内成员国加入世界贸易组织为建立自贸区提供了可能性

上海合作组织成员国中国和俄罗斯、吉尔吉斯斯坦已经加入世界贸易组织。作为上合组织中亚区域经济规模最大、增长最快的哈萨克斯坦与欧盟的市场准入谈判也已顺利结束，"入世"谈判取得实质性进展，其他成员国也在加快"入世"进程。在上海合作组织主要成员先后成为世界贸易组织成员之后，区域经济合作将更大程度地按照世界贸易组织的共同规则推进，相关合作将在新的规则和平台上起步。加入世界贸易组织后的各成员国将根据其"入世"承诺调整进出口关税，开放服务业市场，更重要的是将促进各国与世贸组织成员国之间的投资和贸易便利化，如消除非关税壁垒，采取促进投资自由化的各项措施等，这些都是建立自由贸易区的重要条件。区域内成员国成为世界贸易组织成员将使建立上海合作组织自由贸易区有了实现的可能性，并为此提供重要的制度性保障。

(4)上海合作组织具备了比较完善的区域经济组织构建和工作机制

如上所述，上海合作组织已经签署了多个有关区域经济合作的法律、法规文件，明确了区域经济合作的目标、任务和措施，为区域经济合作奠定了较为完备的法律基础。同时，上海合作组织完成了区域经济合作的组织机构建设，建立了经贸部长会议机制和交通部长会议机制，并形成了以经贸部长会议为首，旨在推进贸易和投资便利化的海关、质检、电子商务、过境运输、投资促进、能源、通信7个领域的专业工作组，其中涉及的货物贸易、服务贸易和投资领域，确立了定期会晤机制。此外，还建立了银联体和实业家委员会，为推进实体经济领域合作提供机制保障。不仅如此，中国与各成员国先后签署了经贸合作协定、保护投资协定、商检协定、过境运输协定、石油领域合作协定等政府间的双边或多边协定，这为经贸合作提供了机制保障。这种完善的法律基础、组织架构和工作机制为上海合作组织进一步深化区域经济合作、建立自由贸易区提供了良好的组织和机制保障。

(5)霍尔果斯国际边境合作中心成功运营为推动中哈乃至上合作组织自贸区建设提供实践与示范

2011年12月2日，中哈霍尔果斯国际边境合作中心启动。该合作中心运营后，中、哈两国公民、第三国公民及货物、车辆可在合作中心内跨境自由流动，免签停留30天。合作中心将建设成为投资自由、贸易自由、人员出入自由、高度开放的综合性国际经济交流区域。合作中心各自一侧受本国司法管辖，区域内的货物及服务贸易项下资金支付和转移，遵循经常项目可自由兑换原则办理。双方区域内设立的银行或其他机构，根据本国法律提供现钞兑换服务。[①] 中哈霍尔果斯

① 参见《中哈霍尔果斯国际边境合作中心正式封关运营》，http://www.chinanews.com/tp/2011/12-02/3505155.shtml。

国际边境合作中心成功运营,是中哈乃至中亚自由贸易区试点实施项目,并将成为中国与中亚自由贸易区的示范区和带动区,可实现中亚自由贸易区从“点”到“面”的跨越。它是上海合作组织框架下区域合作的第一个试验区,该特区突破一般边境贸易模式,已经具备自由贸易区的基本元素。

## 7.3 上海合作组织建立自由贸易区的主要路径

### 7.3.1 大力培育次区域自由贸易区是当前的现实选择

新区域主义研究理论认为,现今的经济一体化发展已不再局限于区域经济一体化的五种演变发展形式,而是向多样性和复杂性的区域合作发展。从区域合作的国家利益发展到地区利益,即扩大到边境毗邻地区小区域经济合作一体化的范畴,出现了一些边境毗邻地区自由贸易区。边境地区自由贸易区也有成功的例子,如莱茵边境地区自由贸易区,新加坡、马来西亚柔佛州和印度尼西亚廖内群岛构成的“新柔廖增长三角”边境地区自由贸易区。

与此同时,上海合作组织建设边境自由贸区已具备一定的有利条件。边境次区域合作在当前的条件下可行性较强,其优势在于:合作范围较小,利益协调容易,灵活性强,效率高;由于涉及范围有限,相关制度安排容易实施,开放性高,可较快产生实际效益,示范效应明显。更多的次区域自由贸易区产生较大经济效益和带动效应后,条件完全成熟时可向整个区域层面实现跨越。因此,当前培育次区域自由贸易区合作方式是一种现实的选择。在上海合作组织区域经济范围内,有条件形成次区域经济合作区的有:中哈霍尔果斯国际边境合作中心、阿尔泰区域合作区、中吉乌三国间的次区域经济合作区、中俄边境合作区。通过局部临近区域率先推进一体化进程,将为推动整个区域的合作奠定基础。其中,中哈霍尔果斯国际边境合作中心,是建立在中哈国界线两侧紧邻霍尔果斯口岸的跨境经济贸易区和投资合作中心，是中哈两国间的战略合作项目。以中哈合作作为中亚经济圈的核心进而辐射中亚其他国家，可以成为推动上海合作组织自由贸易区建设的示范点。通过中哈边境自由贸易区建设，并继而在中俄之间、中吉之间、中乌之间推广，可以为范围更大的上海合作组织自由贸易区的建设奠定合作基础。阿尔泰区域合作区中的阿尔泰区域是指阿尔泰山系区域，包括中国新疆的阿勒泰地区、俄罗斯的阿尔泰共和国及阿尔泰边疆区、哈萨克斯坦的东哈萨克斯坦州和蒙古国的巴彦乌列盖省及科布多省。目前该区域依托地缘优势、资源优势、市场优势已经由科技合作发展为涉及其他诸多领域的全面合作，因而合作潜力极大。在现有基础上，应大力加强贸易、投资和技术合作相结合的经贸合作，不仅要大力发展互补性贸易，提高产品的科技含量，更要进一步拓宽合作渠道，加强人员交流，加强大项目、大企业和高科技合作。同时，加强推动经济合作的协调机制建设，在充分发挥中、俄、哈、蒙阿尔泰区域合作国际协调委员会的基础上，强化上海合作组织框架下的机制作用，最终将阿尔泰区域建设成为具有较强外溢效应的跨国经济合作开发区，从而带动中国新疆、吉尔吉斯斯坦、乌兹别克斯坦、俄罗斯西西伯利亚地区、蒙古西部地区的经济增长，缩小各国间的经济差距，为实现上海合作组织自由贸易区建设奠定基础。

中吉乌三国间的区域经济合作，是指在中国新疆喀什、吉尔吉斯斯坦、乌兹别克斯坦三方区域内的经济合作。目前该区域还没有一个成形的合作机制，但该区域已经完成或正在进行的铁路设施建设，已经将三国有效连接起来，必将提高铁路运输能力，进一步促进经贸合作的发展。如中吉乌铁路将乌吉铁路与中国铁路网的距离缩短约1400公里，并在新疆喀什与中国内地的铁路大动脉接轨，可使中亚国家通过该条铁路走向中国及东南亚国家；精伊霍铁路的贯通并与哈萨克斯坦的霍尔果斯—萨勒奥泽克铁路的接轨，将成为中国与中亚区域联通最重要的运输线。在推动次区域经济发展的同时，交通运输的合作还将有助于形成整个区域的国际大通道，从而增强整个上海合作组织的一体化建设。

值得关注的是，注重发展中俄边境自贸区最具有现实意义。中俄两国是战略协作伙伴关系，有长久的友好发展史，在意识形态、原有社会制度以及经济地位状况等方面具有相似和趋同性，大国利益共同点多，并且在经济上有巨大的发展潜能和合作的互补性。现今中俄两国政治关系良好，文化交流频繁，经济合作紧密，合作的迫切性和可能性最高，率先成立自由贸易区的可行性最大。中俄建立相邻地区性的自由贸易区要比全范围的国家间自由贸易区来的现实和便捷，这就是要以俄罗斯远东及西伯利亚地区和中国的东部地区为重心率先发展。具体的来说，就是在利用中俄边境已建立的互市贸易区和保税区等的有利条件[①]基础上，签署地区性优惠贸易协定(PTA)深化双方贸易合作，为构建中俄边境自由贸易区奠定基础。在这一过程中，两国中央政府给予边境地区政策、资金、人员等支持，中俄地方政府则发挥主要作用，包括沟通协调制定发展规划、加强基础设施建设、提供法律和制度保障等。为推动中俄之间的国家级自由贸易区建立，不仅要加强两国政府间互信沟通，同时还要整合各自国内经济资源，加快国内统一市场建设。特别是要加快实现中俄两国区域发展战略的合理和有效对接，进一步加快推进东北老工业基地振兴战略和俄罗斯远东外贝加尔地区的发展战略，促使两国经济战略对接落到实处，努力实现两国经济资源的最优化配置。通过以中俄自由贸易区和实验区的先行先试为突破口，对推动上海合作组织区域性的自由贸易区建设有重大意义。

① 两国的沿边开放和互市贸易区建设由于受到地区经济发展以及区域经济一体化程度不高的影响，虽然同样投入了大量的基础建设资金，但是远远没有取得预期的效果。真正意义上的自由贸易区还没有形成，需要很长时间的努力才能够实现。但不可否认，中俄两国的边境互市贸易区建设作为自由贸易区的一种简单的形态，一度对边境地区的商品贸易产生了积极的推动作用。

### 7.3.2 积极推进上海合作组织区域内有关国家缔结双边自由贸易协定

20世纪90年代以来，区域贸易安排迅速发展，其中，自由贸易协定和局部自由贸易协定（FTA）占了90%以上。[①] 对于上海合作组织国家来说，应通过签订双边自由贸易协定，率先在有条件的国家间建立双边自由贸易区。由于双边性协定参与的成员国只有两个，所以能最大限度地排除多边谈判的障碍和困难，为两国寻求灵活经济合作创造最大的基础。双边自由贸易协定包括的内容可以非常广泛，如货物贸易、原产地规则、技术标准、卫生检验检疫标准、保障措施、反倾销、反补贴、服务贸易和争端解决机制等；有的双边协定则更进一步涵盖了投资措施、政府采购、竞争政策、知识产权保护、环保和劳工标准、人力资源开发、中小企业合作、电子商务等内容。

随着上海合作组织的发展，各成员国缔结自由贸易协定的愿望上升。为推动上海合作组织自由贸易区的发展，中国应首先考虑与俄罗斯、哈萨克斯坦、吉尔吉斯斯坦缔结FTA，对于提升区域贸易投资便利化水平，加强区域经济合作意义重大。当前，首先要将中哈霍尔果斯国际边境合作中心区建设成中哈边境自由贸易区，再发展到中哈全面实现贸易投资便利化，最终建立起中哈自由贸易区。同时，选择时机在中俄之间、中吉之间、中乌之间缔结FTA，最终促成上海合作组织自由贸易区的形成。在双边自由贸易建设中，中国应采取主动行动，积极推动经济一体化建设。如2012年6月中国国家主席胡锦涛与乌兹别克斯坦总统会谈时提出，中方将与乌方加强沟通协调，愿为乌方提升工业水平提供帮助，鼓励本国企业与乌方合作建设经济特区和经济技术开发区；而乌方也表示，愿与中国共同开发乌兹别克斯坦

---

① 参见张海森：《中国与澳大利亚建立自由贸易区研究》，对外经济贸易大学出版社2007年版，第19页。

和邻国市场,其中包括纳沃伊自由工业经济区、安格尔自由经济区和吉扎克州的工业园区。不仅如此,其他成员国也加强了双边自由贸易区的建设,如2008年哈萨克总统纳扎尔巴耶夫与乌兹别克总统卡里莫夫共同宣布,决定建立两国间的自由贸易区。双方认为要借鉴中国5个特区的成功经验,重新审视关税、简化调节消费税、货物及资本流动程序。[①] 鉴于双边自由贸易的阶段性和过渡性特征,中国与上合组织各成员国应共同推动,最终在六国范围内建立自由贸易区。

总之,上海合作组织次区域经济合作应是推动整个大区域发展的重要突破口和集中点。应充分利用上海合作组织区域内有效运作的次区域经济组织,努力推进区域框架下的自贸区建设,中哈霍尔果斯国际边境合作中心在上合组织自由贸易区建设中起到示范作用。同时,以双边自由贸易为中心,积极加强上海合作组织区域有关国家缔结双边FTA。上海合作组织最终还需要循序渐进地走向资本、商品、劳务和技术的自由往来。

① 参见《乌兹别克斯坦拟与哈萨克斯坦共建自由贸易区》,http://www.crc.mofcom.gov.cn/。

# 第 8 章

# 中国推进上海合作组织贸易投资便利化的措施

## 8.1 加大中方投入，持续推动合作领域扩大

只有通过不断加深的经济合作，才能推进贸易投资便利化进程，进而实现上海合作组织建立自由贸易区的目标。除了要加强能源方面的对话和合作外，还要在高科技通信系统领域内积极开发科学密集型和创新型的合作项目，发展交通基础设施建设，包括各个国家共享的区域性高等级道路，并发展国际型的物流中心。自上合组织成立以来，中国与各成员国在各领域进行了全方位的合作，同时，上合组织成员国也是中国实施"走出去"战略的重点区域之一，这就为实施贸易与投资便利化方面的深入合作奠定了现实基础。为了不断推动合作领域的扩大，中方要发挥资金优势，为重要项目提供直接的资金支持，同时，通过增加中方的投资力度，成立特别发展基金，以支持 SCO 项目。

自上海合作组织成立以来，中国对其财政贡献比其他任何成员国都要大，对推动区域经济合作发挥了重大作用。早在 2004 年塔什干

峰会上，胡锦涛主席宣布向其他成员国提供9亿美元优惠出口买方信贷，且对9亿美元出口买方信贷的承诺是促进SCO成员地区的经济发展并加深SCO的经济合作。同样，中国在文化合作领域也发挥着关键作用，通过推动人力资源方面的合作，为推动区域便利化提供智力支持。为此，中国专门划拨了一笔特殊资金，目的是三年内为其他成员国训练与培养1500名管理与专业人才。今后，还要通过提供直接的资金支持，与其他国家实施大型系列基础设施合作项目，加快区域内国际大通道建设。为推动上合组织框架内的能源一体化建设，中国应充分发挥带头作用，继续加强能源开发合作，主动加大对该组织框架下一体化能源合作的投入，努力扩大和加深与各成员国的合作，以推动各国利益的相互渗透，组成利益共同体，争取在较短时期内将上合组织框架内的能源一体化建设提高到新的水平。

## 8.2 中方发挥主导作用，加大贸易投资便利化推动力度

### 8.2.1 加快国际大通道建设

所谓加快国际大通道建设，就是要加快国际铁路通道、国际公路通道和口岸公路建设，这是促进中国与上海合作组织各成员国贸易便利化的关键。为了加快国际大通道建设，中国政府加大了对中亚国家、俄罗斯的优惠性贷款，主要用于该区域基础设施建设。同时，中国鼓励民间资本参与上海合作组织各成员国的交通建设。2012年3月召开的国务院会议通过了《“十二五”综合交通运输体系规划》，鼓励民间资本参与交通运输建设，这当然也包括参与上海合作组织其他成员国交通运输网络的建设。上海合作组织各成员国都在鼓励交通自由化，鼓励吸引民间资本进入交通运输领域。应加快建设以乌鲁木齐为中心，连接周边各国的高效便捷的现代化国际运输通道体系，尤其是

构建乌鲁木齐、库尔勒、喀什与中亚国家南北通道相连的运输通道，将有助于扩大贸易和出口多样化。如果新疆的铁路、公路与中亚南北运输通道相连，就形成了中国与中亚现有的和潜在建设的铁路网和公路网的一体化。欧亚开发银行2009年报告对欧亚经济共同体运输走廊评估中，提到了中亚南北运输通道上由阿拉木图连接的三个潜在的运输走廊，它们分别是：中央线铁路走廊，一条跨亚洲的铁路走廊，是从亚洲到欧洲中部的最短路线，连接伏尔加格勒、基辅、阿拉木图、阿克图盖、杜斯迪克、阿拉山口、连云港；南部线铁路走廊，一条跨亚洲铁路走廊，连接伊斯坦布尔、安卡拉、达布里士、德黑兰、马什哈德、希拉克丝、塔什干、阿拉木图以及连云港，这条铁路线通过了中国和哈萨克斯坦的边界城市杜斯迪克；欧洲—高加索—中亚铁路走廊，这条铁路走廊连接坎坦塔、瓦尔纳、伊利奇弗斯科、波季、巴统、巴库、塔什干、阿拉木图和中国的连云港。

在公路建设上，国际公路联盟已经提出了一项新的欧亚陆路交通倡议，该项目集中在中亚区域经济合作的三个公路运输走廊，从未来发展来看，它将与亚洲和欧洲的海上运输之间形成潜在的竞争。这三条公路运输走廊分别是：北线连接哈萨克斯坦—中国边境的霍尔果斯和华沙，该线的第一条分线通过阿拉木图、阿斯塔纳、彼得罗巴甫洛夫斯克和莫斯科，第二条分线通过塔拉兹、阿拉木图、塔什干、阿特劳、阿斯特拉罕、莫斯科，经由比什凯克的一条直接公路通往阿拉木图；中线连接中国的喀什与吉尔吉斯—中国边境的伊尔克什坦，奥什、塔什干、布哈拉、阿什哈巴德、土库曼、巴库、迪比利斯、博迪等；南线连接阿拉木图或奥什与塔什干、布哈拉、塔布里兹、安卡拉、伊斯坦布尔等。

为了加快国际大通道建设，当前要加快中哈国际大通道建设，具体包括霍尔果斯口岸、阿拉山口口岸、巴克图口岸国际通道建设。目前果子沟—霍尔果斯高等级公路已与横贯哈萨克斯坦、连接欧洲的高速公路网连接。精伊霍铁路业已全线贯通，并于2011年底与哈萨克斯坦铁路接轨。随着中哈霍尔果斯边境合作中心封关运营，以及中亚天然气管道双线工程完工，霍尔果斯将在2013年形成集公路、铁路、管道运输为一体的交通运输体系，初步完成国际大通道的建设。同时，加快连通中吉乌的吐尔尕特口岸国际通道建设，即加快中吉乌铁路建设、中吉乌公路建设，并加强南疆铁路建设，使之形成第二亚欧大陆桥的南部通道。

另一方面，加快建设以黑龙江为中心，东北区域与俄罗斯相连接的现代化国际运输通道体系。加快东宁—乌苏里斯克—东方港国际铁路运输通道建设，用现有东宁边贸口岸，把东宁铁路与俄远东铁路干线相连接，直达俄远东地区最大的港口——东方港，构筑东宁—东方港出海运输大通道。该运输通道的建设是中俄两国经贸关系大发展的需要，它的建成将使中俄双边贸易的辐射能力大大增强，也将大大缓解格罗迭科沃铁路口岸物流不畅问题，满足中俄双方经济贸易日益增长的需要。

当前，上海合作组织区域交通合作迫切需要加强区域一体化建设，尤其是建立中亚区域内部统一的、连接国际主要干线的交通运输体系势在必行。因此，在区域国际大通道建设进程中，应全面加强中国与中亚国家、俄罗斯的交通合作，建立区域交通运输合作机制。同时，中国要积极推动和有效加强区域内交通领域合作的多边谈判，为区域便利运输提供标准统一和运行畅通的机制。

### 8.2.2 加快区域大通关建设

贸易便利化同时涉及经贸管理、海关、商检、口岸、运输、银行、外汇等多个部门。只有协调好这些部门，形成合力，才能实现"大开放、大口岸、大通关"的综合目标。

(1)推进中国陆路边境口岸"大通关"建设

当前中国的首要任务是建立统一的电子信息平台，确保口岸监管验查单位、海关、检验检疫、税务、外管、金融、中介机构、运输、仓储等部门及生产企业和进出口企业，通过统一电子信息平台实现数据交换和信息共享，优化口岸作业流程。同时，提高联检部门内部的协作效率和效能，通过加强口岸联检部门的职责分工和综合协作，减少不必要的、重复性的检查检验环节，实行“一站式”办理手续，提高通关效率。

（2）推进海关合作

要推进中国与上合组织各成员国海关监管互认、执法互助、信息互换等方面的务实合作。以上海合作组织框架下的贸易投资便利化机制为建设平台，通过多边机制加强与各成员国海关部门的沟通和协调。一方面，根据《京都公约》《TIR 公约》原则，全面、系统地对双方海关事务的各项制度进行交流、探讨。同时，应在 2005 年世界海关组织通过的《全球贸易安全与便利标准框架》下，研究中国与各成员国促进贸易便利化的具体内容和标准。在此基础上，力争实现双方海关手续简化、协调、统一和透明。要充分发挥区域组织龙头国家——中俄、中哈双边合作机制的促进作用，尤其是以中哈海关合作为龙头，推动和促进中国与中亚其他国家海关的国际合作。最终通过多边合作机制约束各成员国海关执法的随意性，促进区域贸易投资便利化的实现。另一方面，充分发挥海关总署级层面、直属海关层面、口岸海关层面三级会晤机制，加大海关总署级会谈力度，及时签订双方海关合作与互助协定。在此基础上，研究制定直属海关和作为促进贸易便利化最直接主体的口岸海关之间的联系配合办法，加强经常性会晤和及时性沟通。只有建立中国与各成员国国家海关及相关政府机构与商界更加紧密的战略合作伙伴关系，提高合作层次和水平，加强行业自律，促进守法经营，实现合作共赢，才能共同推进贸易便利化的深入发展。

（3）加强检验检疫合作

利用上海合作组织框架下已经建立的质检合作工作组，推动中国与各成员国拓宽沟通渠道，建立检验检疫的高层次双边定期合作机制。通过定期交流法律法规、技术标准、合格评定程序，促进彼此对相关内容的了解，从而为双边出入境检验检疫合作提供实坚的组织保障。由于中国与上海合作组织成员国经贸交往大多通过边境地区的往来实现，中国加强在边境接壤地区建立有关出入境检验检疫的合作会晤机制，将大大增强对双边具体技术性贸易措施和卫生及植物卫生措施的了解和掌握，从而增强质检工作的针对性。加大对出入境检验检疫合作的资金支持力度，要安排专项资金供双方开展合作和研究项目，能在一定程度上降低中国与其他国家在检验检疫方面的标准、方法、要求上的差异。加强中国与其他成员国认证领域的合作，开展检验检疫证书互认工作，签署双方互认认证结果的双边协议，尝试培养一批基础条件好、生产能力强、质量管理体系完备的认证企业进行认证互认，有助于推动贸易便利化的发展。

进一步加强中国与区域成员国非官方出入境检验检疫机构业务领域的合作。目前，中亚国家非官方出入境检验检疫机构开始逐渐增多，中国也正积极引进发达国家有关检疫检验的工作模式，不断加大检验市场的开放程度，通过双方在非官方层面的合作，为出入境检疫检验合作提供有益的补充。此外，中国要与其他成员国积极探索在边境口岸实施两国间“一站式”服务，同一批边境贸易货物仅实施一次检验检疫，缩短通关流程和通关时间，方便货物、人员和交通工具进出。

此外，“大通关”建设还需要加强中国与其他成员国金融机构的合作。这就需要充分利用上海合作组织框架下建立起来的双边或多边机制，如上海合作组织银联体、合作委员会、金融合作分委员会的合作机制，加强金融机构间的合作，通过货币互换、支付体系建设等方式，促进经贸合作的深入发展。

## 8.3 积极实施“走出去”战略，推进人民币区域内国际化进程

### 8.3.1 加强与区内金融机构间的交流与合作

当前，加大中国金融机构同俄罗斯、中亚国家金融机构交流与合

作的力度，有利于增强中国银行业的国际竞争力，加快推进人民币周边化、区域化进程，这也是中国金融业可持续发展的必然要求。中国人民银行应该积极推动六国央行间定期对话机制，致力于推动区域内各成员国放松金融管制，为区域内金融机构彼此进入对方市场创造条件。中俄央行间应就双边能源和基础设施建设等具体项目合作加强指导，积极推动落实中俄边贸本币结算工作以及人民币和卢布挂牌交易。在中亚区域，以中哈央行间的合作为重点辐射该区域。如中哈两国央行应以中哈霍尔果斯国际边境合作中心为平台，允许中心内金融机构开办离岸金融业务，鼓励人民币流出境外。同时，应相互探索在中心内实现人民币与坚戈直接挂钩联系汇率制，实现双方货币直接清算，扭转因汇率问题制约中国与中亚国家本币结算业务的局面。

加强央行层面合作的同时，还应该鼓励中国商业银行根据自身情况积极实施“走出去”战略。首先，中国五大国有银行等全国性大型商业银行可以重点考虑进入区内金融中心，进而发展面向整个中亚区域的金融业务。其次，中国边境地区的地方性金融机构，则应充分发挥自身总部设在境内，对边境地区市场熟悉的区位优势，进入到俄远东地区、中亚边境等地发展国际化业务或设立分支机构，当然也应鼓励成员国企业在中国境内设立金融分支机构。通过在中亚国家建立分支机构，可以为本国银行建立较好的信用信息系统，并能更好地为企业提供贸易信息与结算服务；还可通过“清算行”模式和“代理行”模式开展跨境贸易人民币结算业务。现阶段，在中国与中亚国家边贸本币结算业务的推行尚未达到水到渠成的情况下必须重点突破，分层推进，通过以点带面力争使人民币在本币结算中占据主导地位。通过扩大试点范围，进一步推进中俄、中哈银行间边贸结算体系建设。除了通过建立代理行关系，开展双边边贸本币结算外，还要鼓励成员国银行在中国境内银行开立人民币结算账户或双方银行相互开立人民币账户，促进人民币充当对外结算货币，并利用经济手段扩大人民币在边贸本币结算中的份额，同时将本币结算延伸到非贸易领域。

### 8.3.2 加快区域能源金融合作进程

随着中国外汇储备安全形势的日益严峻以及对外能源依赖程度的日益提升,中国面临着构建新型能源金融体系,实现金融资本和产业资本有机融合的问题。为此,中国政府应想方设法将超额的外汇储备转变成实物资源储备,通过设立国家能源专项发展基金、能源产业开发基金、能源风险投资基金等多种方式,积极参与到俄远东地区、中亚国家相关地区能源资源的开发与合作之中,通过增加海外能源资源的比重来有效地实现对国内资源的必要保护,保障中国能源的安全。未来中国外汇储备资产的投资主体要向企业用汇转变,积极支持中国能源企业"走出去",在政府的大力支持下,中国能源企业不仅可以通过在区域内相关地区从事基础设施建设、提供贷款等方式来换取资源的勘探开发权益,还可以针对地区具体的资源区块设立能源产业投资基金,并拿出基金收益部分的一定比例为其设立专用账户,通过这种合作介入投资地区的国家财政金融体制建设的过程,从而获得资源的作价机制权益。

中国政府应积极探索建立多边开发性金融机构,加快制定有关能源的货币金融政策,积极主动地引导区域能源金融合作,探索组建上合组织发展基金和上合组织开发银行、上海合作组织能源银行等区域多边合作机制,坚持互利共赢的原则,采取综合手段,推动能源金融合作健康有序地进行。

### 8.3.3 主动倡导建立区域制度化汇率协调合作机制

中国作为地区政治和经济大国,应该勇于承担维持地区汇率稳定的责任,主动倡导建立区域制度化汇率协调合作机制,实现区域汇率联动。当前应该坚持不懈地对人民币汇率制度进行自主、渐进和可控的改革,未来随着上海合组组织区域内自由贸易区谈判的启动和人民币跨境贸易结算的深入开展,率先建立起由中国主导的局部汇率稳定圈，并在此基础上，通过与俄罗斯经济贸易往来的不断加强，逐步将卢布纳入进来，促成事实上的区域汇率协调合作体系的建立，从而推动上合组织区域金融合作的深化，为区域开展更高层次的金融合作奠定坚实的基础。

### 8.3.4 拓宽本币流出和回流渠道

只有当资本账户开放之后才可能有较好的投融资渠道，而资本账户逐步放开则能为离岸、在岸金融市场的发展提供更为顺畅的资金进出机制。为此，一方面，需要有条件地放宽人民币在中亚区域、俄罗斯境外投资限制，制定有效的投资鼓励政策，促进本币境外投资，进一步扩大银行、保险公司、证券机构等对外投资的范围和规模。同时，扩大合格境内机构投资者对外投资的范围和规模，建立和完善多层次的对外投资体系，引导资金有序流出和流入。另一方面，允许成员国居民用人民币计价和支付中国商品，以及用于政府债券的投资和在中国境内的直接投资，这将极大地拓宽人民币使用范围。通过稳妥有序推进人民币资本项目可兑换，逐步实现人民币区域化、国际化进程，有利于最终实现人民币计价债券在区域内的发行流通，提升中国在区域债券市场的影响力。

目前中国人民币仅实现了经常项目下的可自由兑换，资本项目下的可自由兑换还没有完全实现，这也是未来人民币国际化的最大障碍。2012 年 2 月央行调统司《中国加快资本账户开放的条件基本成熟》的报告指出，当前中国资本项目可兑换需满足四大条件——宏观经济稳定、完善的金融监管、较充足的外汇储备、金融机构稳健都已具备，未来中国应该加快资本项目可兑换的进程。

资本项目可兑换并不意味着中国要按照国际货币基金组织《汇兑安排与汇兑限制年报》的分类，将资本项目中的所有 43 个子项目一次性全部实现可兑换，而是未来人民币资本项目可兑换应该有选择地、循序渐进地分阶段实施。第一阶段，从 2011 年至 2015 年，在此期间，基本建成充分竞争的国内金融体系，同时资本账户开放步伐显著加快。第二阶段，预计从2016年至2020年，基本实现开放条件下人民币资本项目完全可兑换。[①] 为此，中国应该加快推行人民币国际贸易结算，扩大人民币市场需求，完善国际结算网络建设及清算制度安排，实现人民币海外债券的可自由兑换，做好境外人民币回流管理等基础工作。

① 郑其敏、占云生：《关于加快人民币资本项目可兑换进程的探讨》，《中国证券期货》2010年第11期。

# 第9章 结 论

上海合作组织经过十几年的发展，贸易投资便利化程度较成立之初得到较大程度改善，有效地推进了上合组织区域的一体化进程。但是，上海合作组织的贸易投资便利化水平与区域经济发展的客观需要依然具有较大差距。因此，加大推动贸易投资便利化力度，改善区域贸易投资环境，仍是今后上合组织贸易投资便利化的重点内容。这就需要上海合作组织各成员国通过削减非关税壁垒，主要是通过改善海关估价、绿色贸易壁垒、进口许可证、进口配额制、海关程序、政府采购、动植物检验检疫程序、原产地原则、知识产权、商务人员流动、电子商务、监管环境等措施来提升贸易便利化水平；通过继续加强高效便捷的现代化国际运输通道体系的建设，简化海外人员进出国境手续，提高本国政府工作效率，积极鼓励外资进入并保障外资的合法权益，创造一个政局稳定的投资环境。中方要加大投入，发挥主导作用，不断推动合作领域的扩大。只有通过不断加深的经济合作，才能推进贸易投资便利化进程，进而实现上海合作组织自由贸易区的目标。

第一，积极推动上海合作组织的制度化建设。自上海合作组织成立以来，中方一直致力于推动区域组织的制度化建设，制度化为上海合作组织的成功运行发挥了重大作用。但在优化组织制度结构和提高运作的有效性上，还有大量的工作要做：一是完善地方政府合作机制。没有良好的地方政府合作机制，区域内经贸合作就不会向新的阶段推进。要在现有机制的基础上，进一步加强和完善地方政府在上海合作组织区域经济合作中的合作机制。二是在现有基础上加强各国间投资保护和协商机制建设，保持投资政策法规的一贯性。这是为了改善区域投资环境，进一步提升相互间投资发展的需要。尤其是要加强对区域内能源项目、基础设施项目的投资保护和协商机制建设。三是加强经济合作磋商机制和贸易争端预警机制。贸易投资自由化必然扩大区域贸易规模，未来可能发生的贸易摩擦在所难免。为此，各国应建立相关产业损害预警机制和贸易摩擦快速反应机制，提高应对摩擦的主动性，避免负面影响。另外，运行良好的经济磋商协调机制是推进经济一体化的重要工具。因此，应在现有协调机制的基础上，加快建设区域经济合作的行业协调机制。

第二，大力加强金融合作并进一步探索可持续发展合作路径。一是在《上海合作组织成员国多边经贸合作纲要》框架内，大力加强金融合作。在第一阶段，为了支持区域贸易和投资的便利化进程，应逐步建立各国金融领域的交流机制。这一目标正随着成员国之间中央银行对话机制的建立、上海合作组织银行联合体和实业家委员会的建立、欧亚经济合作论坛的举办以及上海合作组织发展基金的筹备而逐步得以实现。在第二阶段，要逐步建立区域内各国金融政策的多边协调机制，并开展一系列金融创新性质的合作，诸如区域性贸易信用保险机制、信用评估机制和投资担保机制、贸易结算支付体系、政策性金融制度安排等。在高级阶段，主要是构建一系列复杂的、紧密型的金融合作制度安排，如上合货币基金组织、上合银行，构建区域性统一的资本市场等。[①] 上述各阶段之间是相辅相成的，可以同时开展，在条件成熟时向更高阶段推进，从而实现金融对区域经济合作的有力支持。

① 参见李新：《人民币国际化：上海合作组织的金融合作》，《学习与探索》2011 年第 1 期。

二是进一步探索可持续发展的金融合作路径，以促进成员国经济与社会的可持续发展，营造经济社会健康发展及和谐安定的区域生态环境。中方应在上海合作组织宪章和上海合作组织银行同业协会合作协议的基础之上，呼吁成员国银行在可持续发展方面加强金融合作，利用金融支持来促进大型项目的合作，以带动区域性的经济、社会和环境发展，为工业、农业、环境、公共服务和基础设施提供首要支持（包括交通、建筑/建设以及能源领域）；在能源领域保持紧密合作，确保能源资源可持续利用。

第三，同步推进贸易与投资便利化。伴随着经济全球化趋势的加深，国际贸易与国际投资新的特征不断出现，其相互融合、互动发展的趋势日益明显。大量的实证研究表明，如果同时实现贸易与投资的便利化（或自由化），其效果要明显大于两者独自效果之和。世界银行的研究表明，一些因素同时影响着贸易与投资便利化，如政府制定并实施可促进私营部门发展的政策法规的能力、海关工作效率、基础设施质量以及融资可获得性、经济体执行合同的能力。相关研究发现，合同执行良好的经济体往往比合同执行较差的经济体生产和出口更多定制产品。抓住这些共性因素，既有助于推进便利化，又能带来绩效的改善。一是需要政府同步推进贸易与投资便利化进程。为了实现贸易投资便利化，上海合作组织各成员国先后相互签订了双边性的促进贸易和投资协定，并出台了一系列的实施细则以及补充性的政策，极大地推动了贸易和投资便利化。今后，为了扩大贸易和投资规模，签订区域多边性的促进贸易和投资协定的重要性日益突出。通过签订上海合作组织区域合作框架协议，建立包括上合组织六国在内的贸易兼投资区，可以加速区域贸易投资便利化的进程，提高区域内各国相互直接投资的水平，同时有效扩大贸易规模。在覆盖六国的区域合作条件不成熟的情况下，可以通过试点区域，如考虑将中俄相邻滨海边疆区、中国与中亚相邻区域作为先行试点区域，以各试点区域为基础逐步向其他地区拓展。为了有效推进试点区域的实施，可以在边境地区建设出口加工区和保税区，加快发展边境贸易，相互吸引对方企业对出口加工区和保税区的投资。未来随着条件逐步成熟，上海合作组织当中更多的国家相互签订自由贸易协定(FTA)或者建立六国自由贸易区，将更有助于推进贸易和投资的便利化，实现更为务实的合作，如推进经济技术合作，推动基础设施建设和完善，推动制度建设和技术升级。二是要在产业的务实合作中推进贸易投资便利化。要重视以技术贸易为先导的产业合作。产业合作同样应注意选择突破口，以上海合作组织区域内的能源产业、机械制造业、轻工产业、林业、化工业、采矿业作为试点，在取得一定效益的基础上，再逐步扩大到其他产业。另外，上海合作组织区域国内都面临着调整产业结构的任务，要以此为契机，进一步扩大产业合作潜力。要重视基础设施领域投资合作对提升贸易投资便利化的重要意义，这不仅包括交通运输及通信等设施的建设，也包括国内其他大型公共设施的投资合作。还要加强区域内跨境物流产业合作，现代产业普遍对物流要求比较高，交通基础设施落后和区域物流水平不高，也是影响区域内资本丰富国家对外投资和扩大贸易的一大障碍。加强物流产业合作，既有助于推动对外投资设厂，也能够打造港口经济增长极，带动周边相对落后地区的发展。总之，同步推进贸易投资便利化，必将促进上海合作组织区域内的市场规模进一步扩大和经贸合作的全面发展。

第四，贸易便利化措施的效果与各项措施的实施次序有关。这就需要一国合理安排贸易便利化改革的进程。上合组织各成员国加速推进贸易便利化进程，并不意味着过多的贸易便利化措施同时开始实施，否则项目之间可能出现相互覆盖和重复现象，甚至会产生资源投入浪费和增大改革压力。由于一些贸易便利化措施可能是另一些贸易便利化措施的实施基础，如果合理安排改革次序，可以减少每项贸易便利化措施的实施成本。同时，各成员国在贸易便利化制度改革和基础设施建设上，加强协调，互通信息，同步建设，统一标准，能在很大程度上提高效率。上合组织各成员国在推行贸易便利化措施的实践中，尽管有些国家一定程度上实施了制度改革或者改善了通关硬件设备，但由于相关管理人员的观念和培训不到位，执法尺度不一，随意性较大，导致已有的改革和通关建设并未产生应有的效果，甚至还无形中增加了贸易成本，为通关便利化改革带来很大的压力，这是国内没有合理安排改革次序所致。还有些中亚国家由于与中国在促进贸易便利化的具体内容和标准上存在差异，缺乏与中国的协调一致，导致成员国间的贸易便利化措施未能推进区域物流的畅通。

第五，上海合作组织自由贸易区建设是加速区域内贸易便利化和投资便利化的重要平台。传统的自由贸易区局限在货物贸易自由化方面，现今各国之间达成的自由贸易安排更复杂，新签订的自由贸易协定除了商品贸易自由化，还包括了生产要素的国际自由流动，诸如服务贸易自由化、投资自由化以及经济技术合作自由化等领域。可见，自由贸易区的作用就是为了寻求区域内各国经贸间的便利合作，通过签订自由贸易协定，可以消除成员国之间的贸易、投资等诸多方面障碍，以谋求最佳的国际分工，使成员国获得比单一国时更大的利益。一方面，当前培育上海合作组织边境次区域自由贸易区合作方式是一种现实的选择。边境次区域合作在当前的条件下可行性较强，其优势在于：合作范围较小，利益协调容易，灵活性强，效率高；由于涉及范围有限，相关制度安排容易实施，开放性高，可较快产生实际效益，示范效应明显。更多的边境次区域自由贸易区产生较大经济效益和带动效应后，条件完全成熟时可向整个区域层面实现跨越。另一方面，通过签订双边自由贸易协定，率先在有条件的国家间建立双边自由贸易区。由于双边性协定参与的成员国只有两个，所以能最大限度地排除多边谈判的障碍和困难，为两国寻求灵活经济合作创造最大的基础。为推动上海合作组织自由贸易区的发展，中国应首先考虑与俄罗斯、哈萨克斯坦、吉尔吉斯斯坦缔结 FTA，对提升区域贸易投资便利化水平，加强区域经济合作意义重大。

# 参考文献

## 一、中文文献

[1]毕燕茹:《中国与中亚国家的产业合作研究》,新疆大学博士学位论文,2010 年。

[2]崔颖:《上海合作组织区域经济合作——共同发展的新实践》,经济科学出版社 2007 年版。

[3]陈小沁:《上海合作组织能源一体化前景探析》,《国际经济合作》2008 年第 10 期。

[4]柴瑜:《金砖国家贸易贸易便利化:发展与合作》,《中国金融》2011 年第 5 期。

[5]柴瑜:《金砖国家贸易便利化问题研究》,中国社会科学出版社 2010 年版。

[6]狄湛、任飞:《上海合作组织区域经济一体化初探》,《俄罗斯中东欧市场》2005 年第 1 期。

[7]耿晔强、马志敏:《基于博弈视角下的中国与上海合作组织成员国能源合作分析》,《世界经济研究》2011 年第 1 期。

[8]郭飞等:《贸易自由化与投资自由化互动关系研究》,人民出版

社 2006 年版。

[9]郭晓琼:《世界经济危机深化背景下的上海合作组织》,《俄罗斯中亚东欧研究》2012 年第 5 期。

[10]何明珂:《贸易便利化与过境运输》,知识产权出版社 2008 年版。

[11]韩立华:《上海合作组织框架下多边能源合作的条件与前景》,《国际石油经济》2006 年第 6 期。

[12]韩玉军:《国际经济学》,北京大学出版社 2010 年版。

[13]江宏伟:《非传统安全视野下的中俄农业合作研究》,《俄罗斯中亚东欧研究》2010 年第 8 期。

[14]李葆珍:《上海合作组织的能源合作与中国的能源安全》,《郑州大学学报》2010 年第 7 期。

[15]李福川:《俄罗斯外资环境分析》,《俄罗斯东欧中亚市场》2012 年第 5 期。

[16]李福川:《俄罗斯反垄断政策》,社会科学文献出版社 2010 年版。

[17]李钢、刘华芹:《上海合作组织——加速推进的区域经济合作》,中国海关出版社 2004 年版。

[18]李进峰、吴宏伟:《上海合作组织发展报告:上海合作组织睦邻友好年专辑(2012)》,社会科学文献出版社 2012 年版。

[19]李新:《人民币国际化:上海合作组织的金融合作》,《学习与探索》2011 年第 1 期。

[20]李玉潭、陈志恒、殷立春:《东北亚区域经济发展与合作机制创新研究》,吉林人民出版社 2006 年版。

[21]陆南泉:《中俄经贸关系现状与前景》,中国社会科学出版社 2012 年版。

[22]柳丰华:《俄罗斯与中亚——独联体次地区一体化研究》,经济管理出版社 2010 年版。

[23]马兴超、米军:《俄罗斯东部大开发战略提出的背景与推动因素》,《俄罗斯东欧中亚市场》2011 年第 3 期。

[24]米军:《俄罗斯金融改革回顾与展望》,中国社会科学出版社 2012 年版。

[25]米军:《金融全球化与转轨国家金融自由化制度安排》,北京大学出版社 2012 年版。

[26]潘光:《上海合作组织与中国的海外能源发展战略》,《世界经济研究》2005 年第 7 期。

[27]秦放鸣:《中国与中亚国家区域经济合作研究》,科学出版社 2010 年版。

[28]沈铭辉:《金砖国家合作机制探索》,《太平洋学报》2011 年第 10 期。

[29]宋魁、宋晓松:《俄罗斯投资环境分析》,《俄罗斯中亚东欧市场》2011 年第 8 期。

[30]孙永祥:《上海合作组织框架内的能源合作》,《国际展望》2011 年第 5 期。

[31]佟家栋:《国际经济学》,高等教育出版社 2010 年版。

[32]万勇:《分工演进与贸易投资一体化》,社会科学文献出版社 2011 年版。

[33]王新平、陈锐:《中哈金融合作与制度安排——对中哈本币结算的探讨》,《俄罗斯中亚东欧市场》2008 年第 11 期。

[34]王海运:《关于上海合作组织能源合作的思考》,《西安交通大学学报》2010 年第 1 期。

[35]王海燕:《上海合作组织成员国能源合作——趋势与问题》,《俄罗斯研究》2010 年第 3 期。

[36]王海燕等:《贸易投资便利化中国与哈萨克斯坦》,华东师范大学出版社 2012 年版。

[37]王曙光:《金融发展理论》,中国发展出版社 2011 年版。

[38]王洛林、张宇燕:《2011 年世界经济黄皮书》,社会科学文献出版社 2011 年版。

[39]王志乐:《跨国公司中国报告》,中国经济出版社 2012 年版。

[40]吴波、傅志明:《中国吸引外资的政策选择和效果分析》,《经济问题探索》2009 年第 6 期。

[41]许勤华:《后金融危机时期上合组织框架内多边能源合作现状及前景》,《俄罗斯中亚东欧研究》2012 年第 4 期。

[42]许涛、季志业:《上海合作组织——新安全观与新机制》,时事出版社 2002 年版。

[43]许涛:《论新形势下的上海合作组织》,《现代国际关系》2002 年第 6 期。

[44]许涛:《论上海合作组织的机制化》,《现代国际关系》2003 年第 6 期。

[45]肖德:《上海合作组织区域经济合作问题研究》,人民出版社 2009 年版。

[46]须同凯:《上海合作组织区域经济合作——发展历程与前景展望》,人民出版社 2010 年版。

[47]杨莉:《中国贸易便利化改革的成本与利益分析》,经济管理出版社 2011 年版。

[48]赵华胜:《上海合作组织评析与展望》,时事出版社 2012 年版。

[49]赵华胜:《上海合作组织评估与发展问题》,《现代国际关系》2005 年第 5 期。

[50]赵长庆:《上海合作组织的经济职能》,《俄罗斯研究》2007 年第 5 期。

[51]张春嘉:《上海合作组织内的农业合作应如何起步》,《俄罗斯

中亚东欧市场》2005年第7期。

[52]赵儒煜、冯建超:《东北亚交通物流合作框架研究》,《东北亚论坛》2007年第6期。

[53]张鲁彬:《贸易便利化与海关现代化互动关系研究》,《国际经济合作》2007年第12期。

[54]张玉国:《上海合作组织能源俱乐部建设问题与前景》,《俄罗斯研究》2007年第3期。

[55]张远军:《中俄金融合作热点问题聚焦》,中国金融出版社2011年版。

[56]张晔、秦放鸣:《上海合作组织自由贸易区实现路径探析》,《新疆大学学报》2009年第6期。

[57]张延萍:《乌兹别克斯坦油气工业的现状与未来》,《国际石油经济》2010年第1期。

[58]郑其敏、占云生:《关于加快人民币资本项目可兑换进程的探讨》,《中国证券期货》2010年第11期。

[59]郑雪平、米军:《上海合作组织区域经济合作发展模式研究》,《江苏师范大学学报》2006年第2期。

[60]《中俄信息产业园成对俄出口贸易经济新增长点》,2006年3月28日《黑龙江日报》。

[61]《中俄拓展环境保护合作》,《环境保护与循环经济》2011年第8期。

[62]秦放鸣、毕燕茹:《中国新疆与中亚国家区域交通运输合》,《新疆师范大学学报》2007年第12期。

[63]《马克思恩格斯全集》第25卷,人民出版社1974年版。

[64][美]威廉姆森等:《企业的性质:起源、演变和发展》,姚海鑫、邢源源译,商务印书馆2007年版。

## 二、外文文献

[1] Arrow, K. J. , *General Competitive Analysis*, North-Holland, 1983.

[2]Bergsager, H. ,"China, Russia and Central Asia: The Energy Dilemma," FNI Report, 2012.

[3]"Business Benefits of Trade Facilitation,"OECD, 2002.

[4]Coase, R. H. , "The Nature of the Firm," *Economica*, 1937, Vol 16, No. 4, pp. 386-405.

[5]Coase, R. H. , "The Problem of Social Cost," *The Journal of Law and Economics*, 1960, Vol. 10, No. 3, pp. 1-146.

[6]"Does Gravity Model Work for the Selection Trade Partners Among SCO Members? The Case Study of Iran," *Journal of American Science*, 2012, No. 8.

[7]"Doing Business 2004-2009 Report," The World Bank Report.

[8]"Doing Business 2010: Reforming through Difficult Times," The World Bank Report.

[9]"Doing Business 2011: Making A Difference for Entrepreneurs,"The World Bank Report.

[10]"Doing Business 2012: Doing Business in A More Transparent World,"The World Bank Report.

[11]"Doing Business 2013: Smarter Regulations for Small and Medium-Size Enterprises," The World Bank Report.

[12] "Environment Cooperation in the Context of Green Growth: Quo Vadis, Eastern Europe, Caucasus, and Central Asia?" Annual Meeting of the Task Force for the Implementation of the En-

vironmental Action Programme,2009 October.

[13]"Fao Global Information and Early Warning System,"Prince Bulletin,2010.

[14]Jinshan,L., "China-Central Asia Power Cooperation Outlook," *Electricity*,2010,Vol 21, No. 3, p 21.

[15] Kazakhstan,Kyrgyz,R., "Tajikistan. Central Asia Expanding Trade by Connecting with Markets,"World Bank Report, 2010, June, No. 53556-ECA.

[16]Kim S., Park I., et al., "Measuring the Impact of APEC Trade Facilitation: A Gravity Analysis. From APEC 2004: Trade Facilitation And Trade Liberalization,From Shanghai To Bogor," APEC 2004, Singapore.

[17]Peyrouse,S.,Boonstra,J.,Laruelle,M., "Security and Development Approaches to Central Asia: The EU Compared to China and Russia,"EUCAM Working Paper, 2012.

[18]"'Qualitative Energy Diplomacy' in Central Asia: A comparative Analysis of the Policies of the United States,Russia,and China,"The Brookings Institution Center for Northeast Asian Policy Studies,2011.

[19]Ricardo,D., On the Principles of Political Economy and Taxation, Cambridge: Cambridge Press,1951.

[20] Swanstram, N., "China and Greater Central Asia: New Frontiers?"SILK ROAD PAPER, 2011.

[21] "The Global Enabling Trade Report 2012,"World Economic Forum.

[22] "The Global Competitiveness Report 2010-2011,"World Economic Forum.

[23] "The Global Competitiveness Report 2011-2012,"World Economic Forum.

[24] "The Global Competitiveness Report 2012-2013,"World Economic Forum.

[25]Vatansever,A. , "Russia's Oil Exports:Economic Rationale Versus Strategic Gains," Energy and Climate Program, 2010, 116 (12).

[26] "World Economic Situation and Prospects 2012: Global Economic Outlook,"The United Nations Report.

[27] Виды прямых инвестиций в Россию: покупка/продажа новых акций (долей, паев), слияния и поглощения (по данным платежного баланса)в 2006-2008 годах, I-III квартале 2009 года.

[28] Международная инвестиционная позиция Российской Федерации в 2001-2009 гг: иностранные активыи обязательства по странам дальнего зарубежья и СНГ на начало года.

## 三、网络资源

[1] 杜燕飞:《欧亚四国发起〈西安倡议〉拟加快启动上合组织能源俱乐部》,http://www. cnstock. com/index/gdxw/201109/1565925. htm, 2011 年 9 月 25 日。

[2]《俄罗斯正式加入 WTO 中国企业迎来赴俄投资新机遇》,http://money. 163. com/12/0827/23/89UUJJ1G00252G50. html, 2012 年 8 月 27 日。

[3]《哈萨克斯坦贸易壁垒》,http://www. nbfet. gov. cn/zhuanti/index. php/zhuant/jwtzview/id/2713/sub/1。

[4]《哈萨克斯坦投资环境略析》,http://www. studa. net/guojimaoyi/090112/11122326. html,2009 年 1 月 12 日。

[5]《哈萨克斯坦贸易壁垒分析》,http://www.nbfet.gov.cn/1。

[6]韩立华:《上海合作组织框架下多边能源合作的条件与前景》,http://www.cssn.cn/news/409901.htm,2011 年 3 月 17 日。

[7]陆燕:《世界贸易增长减速下中国外贸发展的挑战》,http://www.caitec.org.cn/c/cn/news/2012-10/08/news _ 3528.html, 2012 年 10 月 8 日。

[8]《美日布局中亚地缘战略,英议员忧心上合组织影响》,http://club.xilu.com/emas/msgview-821955-217795.html。

[9]《如何扩大上海合作组织国家的影响力》,http://www.eurasianet.org/departments/insight/articles/eav092106.shtml。

[10]《上海合作组织成立宣言》,http://news.xinhuanet.com/ziliao/2002-06/04/content_423358.htm,2001 年 6 月 15 日。

[11]《上合组织在叶卡捷琳堡共议信息高速公路项目实施情况》,http://rusnews.cn/guojiyaowen/guoji_sco/20080924/42278372.html,2008 年 9 月 24 日。

[12]《上海合作组织成员国农业高官会举行》, http://www.gov.cn/gzdt/2007-11/28/content_819436.htm, 2007 年 11 月 28 日。

[13]《乌兹别克斯坦拟与哈萨克斯坦共建自由贸易区》,http://www.crc.mofcom.gov.cn/crweb/scoc/info/Article.jsp? a_no=139060&col_no=48。

[14]《上合组织交通运输合作潜力巨大》http://news.china.com.cn/rollnews/2012-06/06/content_14535798.htm,2012 年 6 月 6 日。

[15]《上海合作组织宪章》, http://baike.baidu.com/view/69035.htm? subLemmaId=69035&fromenter=%A1%B6%C9%CF%BA%A3%BA%CF%D7%F7%D7%E9%D6%AF%CF%DC%D5%C2%A1%B7。

[16]《外商投资商业领域管理办法》,http://www.law-lib.com/law/law_view.asp?id=82694。

[17]王郦久:《为何中俄贸易额远不如中国与韩国?》,http://www.tianshannet.com.cn/finance/content/2011-06/27/content_5923912_2.htm.2011-06-27。

[18]《乌兹别克斯坦市场和投资需求》,http://finance.ifeng.com/roll/20111004/4743542.shtml,2011年10月4日。

[19]《新疆与中亚国家贸易便利化发展探讨》,http://www.xjjjb.com/html/news/detail.aspx?id=80058&page=3。

[20]《协调推进利率、汇率改革和资本账户开 http://www.chngc.net/Main/D_Information/ShowDetail_11447.shtml,2012年5月22日。

[21]《渝新欧国际铁路大事记》,http://news.163.com/11/0801/03/7ABFM8U700014AED.html,2011年8月1日。

[22]赵晋平:《推动欧亚区域经济一体化的意义》,http://finance.sina.com.cn/hy/20051110/14142109300.shtml,2005年11月10日。

[23]《冯正霖率代表团出席上海合作组织成员国交通部长第五次会议》,http://www.chnrailway.com/news/20091112/2009111292736265284.shtml。

[24]《海外创业,合作共赢》,http://news.cnpc.com.cn/system/2012/01/16/001361878.shtml,2012年1月6日。

[25]《盘点上合北京峰会,谋划未来等三大亮点》,http://www.chinanews.com/gn/2012/06-08/3947535.shtml,2012年6月8日。

[26]《中哈霍尔果斯国际边境合作中心正式封关运营》,http://www.chinanews.com/tp/2011/12-02/3505155.s-t-ml,2011年12月2日。

[27]《中俄投资合作说明》,http://wenku.baidu.com/view/3666b11052d380eb62946d0a.html。

[28]《中哈俄公路 2018 年完工，打造连接欧亚的交通走廊》，http://news.job2299.com/?article-tid-216659，2011 年 7 月 8 日。

[29]《2012～2016 年俄罗斯投资环境分析及前景预测报告》，http://ocn.com.cn/services/buy.html?id=bd667367f07b7ea7。

[30]Christina，L.，"China's Silk Road Strategy in AfPak，"The Shanghai Cooperation Organization，www.ispsw.de.

[31] Yalinkili? li，E.，"Turkish-Russian Energy Rapprochement：What it Means for Ukraine A Realistic Look from within Turkey，" www. icps.com.ua.

# 后　记

初见，明理，如实，观照，窥道，法地，法天，法道，法自然，物我两忘，即融非融，太极太虚……

原以为人生是趟单行的列车，相伴的人总会同行，同行的人不曾离去，走过才知，人生只是一个过程，灵魂永远只能独行。遂开始慢慢相信，走过平湖烟雨，岁月山河，那些历经劫数、尝遍百味的人，会更加生动而干净。时间永远都是旁观者，所有的过程和结果，都要我们自己承担。

从想法到体系，从选题到构思，从资料到文献，从提笔到落笔……一本专著的诞生在学术理念流淌之时，更记录了我人生的某一个特殊阶段，它鲜活而死寂，美好而残酷，幸福而苦痛……

笔者谨以此书，感恩无私解惑的恩师，感念呵护纵容的家人，感谢一路相伴的人，纪念荒诞而纯粹的时光，祭奠不可逆往的岁月。

谨以此书，致青春。

徐雅雯

2015 年 10 月 12 日